勞資一點通，
一看馬上懂

從薪資、投保、霸凌、性平到資遣，
資深顧問帶你搞懂42個勞資議題，避免罰單與糾紛

羿誠企管顧問公司總經理
張舜智————著

【目錄】

推薦序　勞動法不是障礙，是長久經營的關鍵　何飛鵬　7

推薦序　輕鬆讀懂勞動法，勞資互信少糾紛　曾國棟　11

推薦序　簡明易讀的勞動基準法實用指南　簡文成　15

自序　17

前言　這個法令是新的嗎？　23

第1章　招募、任用、報到篇　29

01　臨時工，真的是臨時嗎？　30
02　勞動契約要不要簽？　35
03　你又沒說要做這個工作！——工作內容的約定　40
04　注意就業歧視！　45
05　新人報到簽清楚，勞資權益不含糊！　49
06　試用期，合法嗎？　55
07　薪資講好了就可以嗎？　63

第2章　在職期間篇　　71

01	員工只有三人，不用投保吧？（一）	72
02	員工只有三人，不用投保吧？（二）	78
03	勞、健保投保金額大有學問！（一）	88
04	勞、健保投保金額大有學問！（二）	93
05	不可不知的勞動成本：勞保、健保、勞退6%	99
06	勞、健保加保，員工可以要求不投保嗎？	107
07	到底有幾種加班費？	114
08	經理是責任制嗎？	121
09	早到與晚退算加班嗎？	128
10	居家工作有在工作嗎？	133
11	月休八天就合法了嗎？	140
12	生理假	147
13	普通傷病假以及扣薪	151
14	二個半月的病假	157
15	有薪假之婚假	163
16	有薪假之「繼祖母」過世了	167
17	過年連假放不完，加班怎麼算？	172
18	勞工申請留職停薪，雇主可以不准嗎？	177
19	勞工發生職業災害，雇主的責任是什麼？	184
20	上下班途中出車禍，是職業災害嗎？	190
21	勞工職災受傷總是好不了？	196

22	勞工發生職業災害，可以領更多錢嗎？	201
23	有心，還是無意？——性騷擾如何認定？	208
24	我只是講話比較大聲，就算是霸凌嗎？	217
25	幸福晚年如何過：談談退休（一）	225
26	幸福晚年如何過：談談退休（二）	232

第3章　離職管理篇　239

01	離職面面觀	240
02	公司瘦身計畫：資遣	246
03	關於資遣，不可不慎！	252
04	勞工自請資遣	257
05	資遣 vs. 開除，好難分清楚	262

第4章　其他勞資相關法律規定　267

01	這又不是營業秘密	268
02	感謝老闆的栽培：保證服務年限	273
03	勞動檢查	277
04	勞資會議？員工會議？	288

附錄　表單應用篇　295

後記　299

推薦序

勞動法不是障礙,是長久經營的關鍵

何飛鵬／城邦媒體集團首席執行長

　　二十多年前,我第一次接觸《勞動基準法》的時候,心裡冒出的第一個想法是:「這不是只跟人事部門有關嗎?老闆知道這個要幹嘛?」但多年後,我深深明白了一件事——一個老闆若不懂勞動法,就像開車的人不懂交通規則,遲早會出事。

　　這本《勞資一點通,一看馬上懂》,正是為「想要穩定經營」的企業主而寫。作者以顧問的專業身分,實地協助幾百家企業,從一次次的說明會、調解現場、法令輔導的經驗中,把看似複雜的法條、遙遠的風險,一一轉化成老闆們聽得懂、用得上的語言。這正是我最欣賞本書的地方——**不說教、不賣弄,而是「講人話」、說實話,還教你怎麼做。**

　　書名雖然輕鬆,但內容絕不隨便。這本書分為四大篇章

與一個附錄，從「招募」開始，一路講到「離職」，把勞動法可能遇到的地雷，一一標示清楚，還幫你指出哪條法規、哪項裁罰、哪些盲點。每一篇都像是一場「給老闆的法律健檢」，點出問題，也給你解方。

第1篇「招募、任用、報到篇」，是經營企業最容易被輕忽的開端。很多老闆以為找個人來上班就好，卻不知道「臨時工」、「試用期」、「不簽勞動契約」這些做法，其實都暗藏風險。作者用職場故事，點出企業最常見的錯誤，像是「你又沒說要做這個工作！」這樣一句話，背後可能牽扯的，不只是工作內容，更是契約的信賴關係與合法性。

第2篇「在職期間篇」，是全書的精華。從勞健保加保、責任制、加班費，到生理假、病假、婚假、職業災害，這些看似行政作業的日常，其實每一項都牽涉到法律責任與員工關係。作者在這部分強調「舉證責任在雇主」，提醒了我們：管理制度不是為了管制，而是為了保護彼此。**沒制度的公司，才是最危險的公司。**

這一篇中，還有二個極重要但常被忽略的議題：**職場霸凌與性騷擾**。有些老闆認為那只是「講話大聲一點」或「開個玩笑」，但實際上，這些問題如果處理不當，會嚴重傷害員工，也直接影響企業聲譽。作者不僅點出問題，更教你怎麼建立申訴機制與防治流程。**職場安全不只是勞保與加班**

費，還包括心理安全與尊重文化，這是現代企業不可忽視的責任。

第3篇「離職管理篇」，是每一位老闆都會面對的現實。你以為資遣是人情問題，其實是法律問題。資遣與開除的差別在哪裡？員工自請資遣該如何處理？這些都不能單憑感覺做決定，而是必須依法令與程序。這一篇的重點是：**讓人離開，也能留下尊重與體面**。

第4篇「其他勞資相關法律規定」，講的是我們最容易忽略、但代價最慘痛的盲點：營業秘密、服務年限、勞動檢查、勞資會議等。這些往往因「過去都沒事」，而被忽略；但真正出事的時候，才會知道原來缺一張表單、少一項程序，就可能讓公司受罰、聲譽重創。

最後的「附錄：表單應用篇」，則是全書的操作工具箱。從勞動契約、薪資結構、試用期規定等都有實例，讓你不只看懂，還能做得到。

我認為這本書最好的地方，是它的語氣。不是寫給律師看，也不是公文翻譯，而是一位懂現場、懂人、也懂法的顧問，用「老闆聽得懂」的方式說話。作者知道很多違法行為不是出於惡意，而是不了解，所以他不責備，只是提醒你把該知道的補起來，把該修的制度補齊。

這本書，我誠摯推薦給三種人閱讀：第一，是**正在經營**

中小企業的老闆。這本書會讓你避開勞資的法律地雷，也讓你明白制度背後的管理邏輯，提升你的合規意識與經營穩定度。第二，是**正在轉型升級的企業主管與人資**。你會發現，本書是打造合法制度、改善勞資信任、提升管理專業的最佳工具。第三，是**即將創業或剛踏入職場的年輕人**。了解勞動法，不是為了跟老闆對立，而是為了成為更成熟的工作者，懂權益，也懂責任。

懂法律，不代表你要變得複雜；而是讓你走得更穩、更久、更安心。《勞資一點通，一看馬上懂》是你該放在辦公桌上的一本書。

推薦序
輕鬆讀懂勞動法,勞資互信少糾紛

曾國棟/大聯大控股永續長、友尚集團董事長、
中華經營智慧分享協會理事長

在中華經營智慧分享協會(簡稱智享會,或 MISA)第一屆的院士班學員中,有一對夫妻檔(張舜智與鄭喬云)經營羿誠企管顧問公司。他們在創業的二十五年間,兢兢業業為數百家企業提供勞動法令顧問以及輔導服務,由於專業以及熱忱,信譽卓著,深受客戶們的信任。本書作者張舜智先生,由於法律專業背景,其對於勞資關係處理以及法令運用非常專業,協助許多中小企業解決勞資之間的種種問題,累積了非常多的實務經驗。他將勞資糾紛的處理經驗及法令規章彙整成書,嘉惠廣大的勞工以及企業主,身為 MISA 智享會的理事長,我很榮幸受邀寫序。

在還沒開始看書稿前,我想像勞資問題及法令規章的

書，一定是很嚴肅、枯燥、無趣的。但我看了書稿之後，很詫異地發現，作者花了許多心思將眾多的勞資問題，用說故事的方式，以輕鬆的口吻，分門別類提供詳盡的說明，讀起來既輕鬆又容易吸收。

個人創業至今四十五年，經營電子零件進口貿易業務，員工超過千人，營收也超過千億台幣。我一直沒有花時間研究勞資的問題，對法令規章不是很清楚（當然人資單位應該很了解）。看了文稿之後，才發覺我的觀念有很多錯誤，在管理上也曾犯了某些禁忌。可能是我的員工很善良，沒有提出任何告訴，我的公司至今沒有發生過重大的勞資糾紛。

現代的員工，很在乎自身的權益，透過各種資訊平台，他們也很懂得如何申訴。因此，企業主必須更了解法令規章，才不致誤觸法令而遭受員工檢舉，甚至被政府單位處罰，因而影響公司的信譽。有勞資糾紛的公司，較難招募到好員工，也比較難被供應商和客戶認可，更可能影響到銀行的信任，本書詳盡的說明正好可以幫上企業，協助解決勞資方面的問題。

人是企業最重要的資產，「企業」少了人就變成「止業」了。可是偏偏人很難管理，管理得不好，輕者員工心裡不舒服、不賣力，重者提出申訴或離職。可見人的管理面向很多元，也很需要重視，而保護員工的權益是最基本的，本

書中所列的問題都是企業經營必修的課業。

　　員工的問題包含甚廣，舉凡應徵、試用期、勞動契約、勞健保、工作內容、加班、責任制、請假、休假、資遣、離職、職災等，都是員工關心的權益，也都有一定的法令規章需要遵循。本書作者舉了很實務的案例提供讀者參考，也在註釋提供很多法律條文讓讀者對照，堪稱是勞資問題的寶典，書名稱之為「勞資一點通」，真是名副其實！

　　非常推薦本書給企業主們及廣大員工群，更是企業人資單位必讀的好書。熟悉了書中內容，員工可以了解並保護自己權益，企業也不會因疏忽而犯錯受罰。祝福大家閱讀本書能收獲滿滿，達到勞資互信互利、零糾紛的和諧境界。

推薦序

簡明易讀的勞動基準法實用指南

簡文成／勞資雙贏企管顧問股份有限公司前董事長

身為勞動法領域的長期自學研究及實務工作者，我深知《勞動基準法》在現代社會中的重要性。它不僅是保障勞工權益的基石，也是企業合法合規營運的重要依據。然而，《勞動基準法》的條文內容往往較為艱澀，對於非法律專業人士而言，理解和應用上常有隔閡。

欣見我的學生張舜智推出這本以淺顯易懂的方式介紹《勞動基準法》的書籍。翻閱書稿，我發現作者巧妙地避開了複雜的法律術語，轉而以平實的語言，將《勞動基準法》的各個面向娓娓道來。從工時休假、工資給付，到資遣解僱、職業災害補償，本書涵蓋了勞動關係中常見且重要的議題。更值得一提的是，書中穿插了許多貼近現實的實務案例，有助於讀者將抽象的法律條文與具體情境相連結，進而

更深入地理解《勞動基準法》的意涵。

　　這本書的出版，無疑為廣大的勞工朋友們提供了一把保護自身權益的利器，幫助他們了解自己在職場上應享有的基本保障。同時，對於企業主和人資工作者而言，本書亦是一份實用的指南，能協助他們掌握《勞動基準法》的基本規範，建立合乎法令的勞動管理制度，降低勞資爭議的風險。即使是對於《勞動基準法》抱持初步興趣的一般大眾，也能透過本書輕鬆入門，建立正確的勞動法令觀念。

　　這本書的完成，展現了舜智願意將法律知識普及化的心意。這份心意，以及書中力求簡明、貼近實務的努力，是值得肯定的。

　　我誠摯推薦這本《勞資一點通，一看馬上懂》給所有關心勞動權益、希望了解《勞動基準法》的朋友們。相信透過本書，讀者們都能更清晰地認識勞動法令，進而在職場上做出更明智的判斷和決策，共同營造一個更和諧、更公平的勞動職場環境。

自序

　　客戶的大會議室裡，新管理制度的說明會即將開始。原本要由總經理上台開場，但是客戶臨時說：「顧問你自己上去開始啦！我不會講話，不要叫我講啦！」

　　我只好小跑步上場了。

　　「各位朋友好，大家午安！」台下傳來稀稀落落的掌聲，夾雜些許狐疑、敵視的眼神。

　　「老闆開公司的目的是什麼？」我問。「當然是賺錢！」老闆輕聲地回應。

　　「員工來上班的目的是什麼？」我又問。「當然是賺錢！」員工不爽地回應。

　　「既然你們的目的相同，那麼勞資為什麼會是對立的呢？」

☆

這是一間傳統產業，車庫停了一輛老闆的賓士350、一輛老闆娘的BMW523，還有一部老闆兒子的重型機車。廠房旁邊則是一排基層勞工的機車，還有幾輛有年份的幹部的國產車。說明會現場，老闆全家人還有一位幹部坐在一邊，全體員工則坐在另一邊，雙方楚河漢界、壁壘分明。這是一場「管理制度說明會」，我以上述幾句話開場，讓勞資雙方去思考，既然彼此的目標和方向一致，為何相處起來那麼痛苦？既然是命運共同體，為何要互相猜疑？

　　近年來，勞工意識抬頭、媒體大量宣導，加上政府執法嚴格，學校也會在學生就業前教授勞動法知識，勞資調解以及勞動檢查件數（包含檢舉件）因而創下歷史新高。許多中小企業主因此罰單不斷，感到慌忙失措；而勞工對資方的信任也降到了冰點，勞資對立的情況逐年提高。

　　許多員工把焦點放在公司有沒有違法：勞、健保有沒有低報？勞退6%有沒有少繳？加班費有沒有少算？放假天數夠不夠？薪資有沒有多扣？是不是責任制？我的權利有沒有受到侵犯？

　　公司則在老闆的領導下，把焦點放在技術和生產效率是否提升？如何節省原物料成本？如何向廠商殺價？如何向客戶提高報價？

　　對於員工在意的問題，老闆似乎狀況外，只知道遵循行

業一直以來的特性，因而忽略了管理制度是否符合《勞動基準法》。而老闆則不斷訴說著員工不認真工作、不想學技術、不想擔責任、怎麼教都不會的苦惱。

幾年前筆者曾在一個老闆團體的同業公會演講，題目是「《勞動基準法》對企業的影響」。演講結束後，一位六十多歲的董事長走過來問問題，開口就說：「張顧問，你講得很好，淺顯易懂，但是剛剛講的規定，是最近才通過的新法律吼？」

「董事長，這是《勞動基準法》，民國73年就開始施行，到現在已經四十年了喔！」我說，頭上冒出三條線。

「怎麼可能，我都沒有聽過呢！」董事長困惑地回應。

許多基層出身的老闆，練就一身的功夫和技術，盤下一套機械設備就拚命向前衝。在狹小的空間裡一天工作十六小時、一個禮拜做七天，等生意做起來了就開始找學徒、找會計、找技師，從田邊的鐵皮屋工廠一步一步走向工業區的玻璃帷幕現代化工廠；這是很多大企業或上市櫃公司創辦人篳路藍縷的創業之路。

當年在田邊的鐵皮屋工廠，開業三十年來都沒有制度，勞工來來去去不超過五個人，管理方式在法律邊緣徘徊，沒有全面合法。這些企業主有時候可以稱為「弱勢雇主」，因為利潤不高、效率不好、不懂法律也苦於無人傳承，彷彿日

薄西山，有如遲暮老人。

有些老闆為人慷慨，今年多賺錢就多發獎金，對員工也相當用心，卻用本薪計算加班費、不給特別休假、把主管當責任制。其實這些老闆是真的不懂法規，不是故意違法。

有些老闆覺得，公司利潤很微薄，如果不以多報少、少算加班費、少放幾天假來省一些成本，可能就會虧損（此為某老闆娘自述）。所以，有些老闆雖然知道管理上有些違法，但是為了生活，也迫於無奈。

開過數百場員工說明會，筆者看過形形色色、大大小小的公司。有的勞資同心協力、有的幾乎分崩離析，也有勞資雙方毫無信任感的公司，說明會過程中員工一手拿著勞動六法全書，另一手忙著查Google。也看過想要把公司全部丟給顧問處理的老闆、公司薪資福利都不合法但還是擁護公司的勞工，當然也有薪資福利不輸上市櫃公司，勞資依然對立的公司。看盡許多公司的起起落落，筆者發覺，管理制度其實只是其中一個原因，真正重要的是「人與人的相處之道」。馬雲說，員工離職的理由只有二點：「錢，給少了；心，受委屈了。」企業老闆們該如何給員工多一點錢？又該如何讓員工的心不委屈？著實是一門需要用心學習的功課。

輔導中小企業二十幾年來，有很多合作超過二十年的客戶。許多當年正值壯年、意氣風發的客戶，現在都已六、七

十歲了。由於我們協助建立勞動法的除弊機制,看到他們可以勞資和諧、共創事業,令人甚感欣慰。

本書能夠出版,首先要感謝何飛鵬社長的提攜,讓我得以將二十幾年來所看到中小企業的困境寫出來,讓基層勞工可以透過本書,看懂艱澀的法條,進而了解自己的權利跟義務。也相當感謝勞動法權威簡文成老師,當年將畢生功力傳授給我,讓我能夠活用勞動法令,協助這麼多中小企業建立制度。我也要感謝數百家客戶的信任,願意讓我們提供協助。當然一定要感謝我的事業合夥人,也是我的夜間部同學鄭喬云女士,二十幾年前與我毅然從臺中舉家(其實也就我們二人)南下到只有一個朋友的高雄。朋友開車載著我們到工業區沿路抄錄工廠招牌上的電話,打電話一家家開發陌生客戶。由於充滿熱忱、把客戶當成朋友、透過專業解決問題,我們就這樣靠著口碑做到現在。那個從零到有的艱辛歷程,讓人深有體悟、成長良多,也因此結交許多好朋友。最後要感謝我的助理張靖婕小姐,為本書認真地校稿、找錯字、為註釋尋找出處、找相關法條、找相關判決及函釋……雖然辛苦,但收穫也不少。她是我的第一位讀者和鐵粉,在這個過程中更加了解勞動法規,往顧問師的目標邁出一大步。

從事顧問工作以來,我們一起堅持學習對的事、堅持走

對的路、堅持給客戶正確的答案跟觀念、幫助企業提升經營體質也照顧勞工、一起堅持走過篳路藍縷的二十五年。期待這本書能為企業的勞資和諧、互利共榮貢獻一點心力，也幫助讀者們可以「勞資一點通，一看馬上懂」！

前言

這個法令是新的嗎？

勞資顧問在為企業進行勞動法令診斷後，常與老闆有以下對話：「董事長，您們的工時、加班、休假、責任制……都違法喔，每一項都會被罰錢喔！而且，勞保、健保、勞退6%也有以多報少的問題，不只員工可以跟公司求償，公司還會被罰錢，甚至負責人有被判刑的危險！這些制度都要修正，否則會觸及法律地雷，隨時都有引爆的可能。」

　　而被輔導的老闆們也常常用以下理由回覆顧問：「騙肖仔，我們的行業特性就是這樣」、「同行這樣做也都沒事啊！」、「你講的法規我怎麼都沒聽過？」、「我經營事業這麼久都沒發生什麼事」、「你不要為了做生意來嚇我捏！還判刑哩……」。

　　這些對話最常來自運輸業、服務業、餐飲業，以及經營超過二十年，但是沒發生過勞資糾紛，或者沒被主管機關處罰過的公司老闆。勞資顧問在與五十歲以上的老闆進行輔導時，也常常被問：「顧問，你說我們公司這些項目有違法，但是這個法令我都沒聽過，是新的嗎？」

　　為什麼許多老闆們會這樣？難道他們是故意的嗎？

☆

　　民國47年，內政部成立「勞工法規委員會」起草「勞

工法草案」,當時便將其中第二編定名為「勞動基準」。經過二十餘年的研議和修訂,《勞動基準法》於民國73年7月30日制定公布,同年8月1日實施,全文八十六條[1]。

　　筆者於民國74年就讀大學法律系,當時對《勞動基準法》一無所知,學校也沒有相關課程。即使畢業後從事法務工作,也一直沒有接觸《勞動基準法》。當時我也認為「工作沒做完,就留下來做完」是理所當然的,所以也不會跟公司申請加班費。

　　民國83年,筆者於某大汽車公司擔任法務主管,屬於服務業行政部門,當時尚未適用《勞動基準法》。而公司的汽車保修工廠有保養引擎馬達,屬於「製造業」,是適用《勞動基準法》的行業別,所以國定假日會「依法」放假。當時我心中閃過一絲疑惑:「為何同一家公司,卻有二種休假制度?」但主管說「我們行業特性就是這樣」、「我們同行都是這樣」,當時身為「勞工」的我就乖乖地接受了答案。彼時並無雅虎(Yahoo!)、Google這類搜尋引擎可供查詢,資訊比較落後,且勞動意識相對低下,認為工作就是埋頭苦幹、爭取公司認同、等待加薪升職,也就理所當然地默默承受了這些事實。

　　幾年後,筆者遷居高雄,任職於律師事務所時,某客戶因週轉不靈倒閉,我們承辦客戶的債權會議。然而,面對員

工二個月沒有領到薪水、勞健保費半年未繳納、存在中央信託局（目前在臺灣銀行信託部）的舊制勞工退休金不知如何領回、發不出資遣費等勞動法問題，我們諮詢多位律師仍無從解決。此時，我赫然發現，我們身為法律人竟然對勞動法令如此陌生，只好一一洽詢主管機關。結果勞工局懂《勞動基準法》、勞保局懂勞保、健保局懂健保、退休金要找勞工局和中央信託局、工資墊償要找勞保局；歇業實質認定則要找勞工局、國稅局、台灣電力公司、自來水公司等單位。等到公司經過上述公部門共同到現場實質認定歇業後，勞保局才會依據員工的投保薪資金額，在雇主積欠薪資六個月內給付[2]。經此一事，我們開始投入勞動法令的領域。

經常聽到企業老闆們說：「我不懂勞動法令」、「以前都沒有聽過」、「同行都是這樣做的」、「我跟員工都講好了也簽了切結書」、「是員工拜託我這樣做的」。我相信他們說的都是真的。但企業主因為違反勞動法令被罰款、被員工求償甚至被判刑時，雖然極力主張「不知者無罪」、勞工有簽立證明書或切結書，甚至找有力人士關心案件，仍舊是治標不治本。此時應該尋求專業的顧問，制定合情、合理、合法的管理制度，健全管理流程、釐清權利義務，讓勞資雙方有所遵循，如此才能擺脫法律地雷。畢竟「不知者仍舊有罪」，千萬不要以為其他公司的制度違法也沒事。不！他們

只是還沒有出事！

註釋

1. 臺灣勞動法學會，《勞動基準法釋義——施行40年之回顧與展望》，元照出版，2024年7月1日。
2. 《勞動基準法》第28條：「雇主因歇業、清算或宣告破產，本於勞動契約所積欠之工資未滿六個月部分，有最優先受清償之權。雇主應按其當月僱用勞工投保薪資總額及規定之費率，繳納一定數額之積欠工資墊償基金，作為墊償前項積欠工資之用。」

第 1 章

招募、任用、報到篇

01　臨時工，真的是臨時嗎？

　　章董的公司每到旺季總是訂單爆滿，天天在工廠加班及客戶的催貨中度過，由於趕出貨，甚至禁止員工請假休假。

　　章董和董娘帶著全家投入產線幫忙，仍難以消化繁重的工作量。於是，章董請人資小美趕快去找「臨時工」來補足人力缺口。小美才剛到職不久，不懂為何不要直接招募正式員工就好，而是要找「臨時工」來投入產線。

　　依據章董的經營邏輯，一來旺季不會持續太久，此時招募正式員工，旺季過後他們就會變成冗員，請他們離職還要給資遣費；二來「臨時工」不用投保勞保、健保及勞退6%，比較省錢。小美覺得章董的說法有問題，趕緊諮詢勞保局：臨時工可以不用投保嗎？正常生產線的臨時工，可以簽立定期契約嗎？勞保局回覆：「貴公司的勞工人數超過五人，屬於強制加保單位，並不會因為是臨時工就不用投保。至於臨時工可不可以簽立定期契約，請詢問勞工局。」於是小美去電當地勞工局，得到以下回答：「貴公司屬於適用《勞動基準法》的製造業，如果所謂的臨時工，從事的是臨時性、非繼續性的工作，可以簽立定期契約。但如果臨時工

從事的是繼續性工作,還是要簽立不定期勞動契約。」小美聽完,仍是一頭霧水。

☆

「臨時工」這個概念,常見於餐飲業的「工讀生」和工程、營造業的「點工」。共通點在於對工作人員的勞務需求不固定,工作內容以簡單、重複性高的為主;通常不需要專業技術,工作也較不具備營業秘密性和連續性。基於前述特性,「工讀生」及「點工」普遍被視為臨時工,看起來似乎滿有道理的。但是,有道理不一定等於合法,先來看看法律怎麼規定。

依據《勞動基準法》第9條(編註:為閱讀流暢性,本書法條之編號及部分數字以阿拉伯數字呈現):

> 「勞動契約,分為定期契約及不定期契約。臨時性、短期性、季節性及特定性工作得為定期契約;**有繼續性工作應為不定期契約**。派遣事業單位與派遣勞工訂定之勞動契約,應為不定期契約。
> 定期契約屆滿後,**有下列情形之一,視為不定期契約**:

一、勞工繼續工作而雇主不即表示反對意思者。
二、雖經另訂新約,惟其前後勞動契約之工作期間超過九十日,前後契約間斷期間未超過三十日者。」

　　法律明確規定「勞動契約,分為定期契約及不定期契約」。定期契約,指的是勞雇雙方約定在一定期間內由勞方給付勞務,期間過後,契約即終止。法律規定只有「臨時性、短期性、季節性及特定性工作」得為定期契約,不過我們可以看到,上述法條中有一句「**有繼續性工作應為不定期契約**」。舉例來說,某工讀生每月於例、休假日到餐廳提供勞務。雖然他當月份只做八天,但是之後的每個月還是會有例、休假日,所以他每個月都需要工作八到十四天(比如遭遇春節之月份)。所以這個工讀生就是「有繼續性工作」的「部分工時工作者」,同樣是簽立不定期勞動契約。

　　那麼,什麼樣的情況下可以簽立定期契約呢?
　　依據《勞動基準法施行細則》第6條:

「本法第9條第1項所稱臨時性、短期性、季節性及特定性工作,依左列規定認定之:
一、臨時性工作:係指無法預期之**非繼續性工作**,其工作期間在六個月以內者。

二、短期性工作：係指可預期於六個月內完成之**非繼續性工作**。
三、季節性工作：係指受季節性原料、材料來源或市場銷售影響之**非繼續性工作**，其工作期間在九個月以內者。
四、特定性工作：係指可在特定期間完成之**非繼續性工作**。其工作期間超過一年者，應報請主管機關核備。」

簡單來說，具備以下特性的工作可以簽立定期契約：

- 臨時性工作：非預期、非繼續性之短期性工作，如：A廠競爭對手的設備故障，宣布停工三個月，A廠因此突然收到大量的短期性轉單，為了消化這些訂單而僱用的臨時勞工，就可以簽立定期契約。其他像是百貨公司開幕或週年慶期間僱來的臨時發傳單工讀生，也是一樣的道理。
- 短期性工作：可預期、非繼續性之短期工作，如：公司因為有員工申請了育嬰留職停薪，此期間為填補人力空缺所僱用的定期性勞工。但若超過一年，即為特定性定期契約，需向勞工局核備。

- 季節性工作：受季節性原、材料來源或市場銷售影響的非繼續性工作，如：臺灣甘蔗約二年一收，收割期僱用的勞工所進行的就是季節性工作。一次採收告一段落後，就要二年以後才會再僱用勞工。
- 特定性工作：可在特定期間完成的非繼續性工作，如：台灣高鐵之土建工程、電機工程等，在工程公司、電機公司得標後所僱用的大量勞工。雖然工程需要數年才能完工，但是一旦工作完成，工程公司和電機公司就不需要繼續僱用這些勞工。不過，若是僱用期間超過一年，仍需向主管機關核備。

　　回到開頭的案例，如果章董單純為了旺季短期性增加的訂單，僱用專門為了消化這些訂單而工作的勞工，可以簽立定期勞動契約。但是，如果這些勞工後續又投入或支援其他不屬於短期性訂單的工作，或是契約期間過後仍繼續工作，仍舊要簽立不定期勞動契約。

02　勞動契約要不要簽？

　　新人在面試過程中通常就可以知道工作時間、上班地點、薪資、休假規定，以及上工後可能的工作內容，接著就要在指定的報到時間帶著證件向公司報到。

　　報到當日，人資拿出勞動契約、保密切結書、個資告知同意書、訓練同意書等文件，要求新人當場簽立。看著這些密密麻麻的條文，新人腦中冒出許多疑問：可以不簽嗎？可不可以帶回家讓親友或律師看看，確認沒問題之後再簽？勞動契約內容有相關的法律規定嗎？

　　反之，如果報到當天公司並未要求新人簽立任何文件或契約，勞雇雙方的勞動契約關係就算是成立了嗎？

☆

　　本文將新人到職後，勞、雇雙方可能產生的問題整理成以下問與答，幫助讀者釐清。

A. 如果沒有簽勞動契約，勞、雇雙方的勞動契約關係存在嗎？何時成立？

　　部分中小企業人治色彩濃厚，雇主沒有建立工作規則、勞動契約、薪資制度、保密切結書等等的完整制度，招募到新人後通常直接上工。由於勞動契約屬於「諾成契約」[1]，也就是由雇主提出工作時間、工作內容、工資及發薪方式、休息、休假、工作地點、工作內容等重要項目後，只要勞工同意，並在約定的時間到職開始工作，即使沒有簽勞動契約，雙方的契約關係依然存在。所以在面試時，雇主提出錄取之意思表示（且並未具備其他附帶條件），勞工也表達同意後，雙方的勞動契約關係就算是成立。

B. 勞動契約有一定的型式嗎？

　　勞動契約屬於「不要式契約」，也就是簽約不需依照特定型式，只要勞、雇雙方意思一致，契約即成立。如果勞、雇雙方約定需要成就一定型式時契約才會成立（例如紙本契約），也是從其約定。

C. 勞動契約的內容有相關法律規定嗎？

《勞動基準法施行細則》第 7 條：

「勞動契約應依本法有關規定約定下列事項：
一、工作場所及應從事之工作。
二、工作開始與終止之時間、休息時間、休假、例假、休息日、請假及輪班制之換班。
三、工資之議定、調整、計算、結算與給付之日期及方法。
四、勞動契約之訂定、終止及退休。
五、資遣費、退休金、其他津貼及獎金。
六、勞工應負擔之膳宿費及工作用具費。
七、安全衛生。
八、勞工教育及訓練。
九、福利。
十、災害補償及一般傷病補助。
十一、應遵守之紀律。
十二、獎懲。
十三、其他勞資權利義務有關事項。」

上述法規明確列出勞動契約應載明的法定事項，勞資雙方應就實質權利、義務進行約定。

D. 新人到職後，覺得公司提供的勞動契約內容繁瑣，可以不簽嗎？

面試時，公司通常會說明勞動條件，如：工作時間、工資、休息、休假、工作內容等。若資方覺得應徵者符合用人標準，就會發出錄取通知。此時，錄取通知書上的內容，就會影響勞動契約簽立的必要性。除了報到時間、地點、攜帶文件、擔任職務以外，如果錄取通知書明訂，報到當日除了繳交個人文件外，**還需要簽立勞動契約，雙方勞雇關係才生效**，那麼新人到職時若拒絕簽立勞動契約，勞雇關係就不成立。但如果錄取通知僅通知到職，則新人到職時可以拒絕簽約，雙方的勞動契約還是以面試時口頭約定的條件為準。

E. 新進勞工到職後，對於招募時未約定的工作或不同工作地點，可以拒絕嗎？

新進勞工報到時，公司不得違反勞動契約的約定。如果不是當初招募時約定好的工作場所，或是應從事的工作與招募時約定的不同，公司不可以強迫新進勞工簽立勞動契約。

勞動契約是勞雇雙方明確約定權利義務的「白紙黑字」，雖然不簽立勞動契約並不違法，但是像排班、排假、

薪資給付方式、工作內容、工作地點、加班、補休、調動、營業秘密、智慧財產權歸屬、離職預告、離職職務移交、挖角違約等事項，還是需要經過勞、資雙方協議，所以簽立勞動契約，對勞、資雙方而言都有其必要。

註釋

1. 《民法》第153條第1項：「當事人互相表示意思一致者，無論其為明示或默示，契約即為成立。」

    《民法》第95條第1項：「非對話而為意思表示者，其意思表示，以通知達到相對人時，發生效力。但撤回之通知，同時或先時到達者，不在此限。」

03 你又沒說要做這個工作！
——工作內容的約定

　　齊董開了一間貿易公司，營業額上億、員工超過五十人。華麗的辦公室設置了精美的櫃檯，剛從大學畢業的小麗來應徵業務助理。雖然小麗沒有工作經驗，但齊董覺得她條件不錯，還是決定錄取，希望她先從助理、櫃檯服務的工作做起。

　　起初，小麗很開心能在這個漂亮氣派的環境工作。但漸漸地，她發現每天要處理很多信件、接很多電話，有一點吃不消。此時她認為這是一個新的開始，習慣了就好。上班第三天，貿易部門要求小麗代寄信件，小麗覺得這不是自己的工作範圍，便說：「當初應徵時，你們又沒有說我需要做這個。」第四天有一位廠商來訪，經理叫小麗引導廠商至會議室，並要她泡二杯咖啡。小麗認為這也不是自己的工作，又說：「當初應徵時，你們沒有說要做這個。」

　　第五天，管理部助理請假導致人手不足，管理部經理便要求小麗支援key in文件。小麗沒好氣地重申：「當初來應徵時，你們又沒有說要做這個。」經理耐不住火氣，大聲地

說:「主管叫你做什麼,你就要做什麼,如果沒有理由而拒絕,就是不服從主管的合理指揮,我要依照工作規則記你一支申誡!」小麗不服,說:「外出寄信、泡咖啡、key in 文件……這些明明不是我該做的工作,為什麼我不能拒絕?」

☆

《勞動基準法施行細則》第 7 條第 1 款明文規定:

「勞動契約應依本法有關規定約定下列事項:
一、工作場所及應從事之工作。(以下略)」

從上述法規來看,有關工作場所,及勞工應該從事的工作,都是勞動契約的一部分。

這樣看來,小麗主張自己可以拒絕接受雇主沒有約定的工作項目,似乎並非沒有道理。若此主張有理,那麼會計只願意記帳出納、人資只願意招募任用、總務只願意處理行政庶務……如此,當公司需要人員進行工作輪調、工作支援、臨時任務時,雇主雖然頒布了工作命令,但只要不是約定好的工作,員工就可以拒絕,此時雇主就只能徒呼負負了嗎?

A.報到時,如何約定工作內容和工作地點?

首先,我們來看最高法院民國94年度台上字第634號判決:

「……再按工作場所及從事之工作有關事項,應於勞動契約內訂定之,勞動基準法施行細則第7條第1款定有明文。準此,資方如因業務需要而變動勞方之工作場所及工作有關事項時,除原勞動契約另有約定,應從其約定,或已得勞方之同意者外,自應重為勞動契約之訂定,始符誠信原則。」

從上述判決,我們可以得知:在員工到職時,雇主就應約定好工作內容及工作地點。包括員工所從事的主要和次要工作、延伸工作,以及輪調、培訓後調任之工作內容。工作地點也應該事先明確約定,如公司據點、分公司、營業處所、國內外分公司、工廠或關係企業等,這些都需要約定清楚,並載入勞動契約。如果不是契約約定的工作內容或地點,就需要勞方的同意。

B.只要是勞資雙方約定的工作內容或地點都有效嗎?

依據《勞動基準法》第10-1條：

「雇主調動勞工工作，不得違反勞動契約之約定，並應符合下列原則：
一、基於企業經營上所必須，且不得有不當動機及目的。但法律另有規定者，從其規定。
二、對勞工之工資及其他勞動條件，未作不利之變更。
三、調動後工作為勞工體能及技術可勝任。
四、調動工作地點過遠，雇主應予以必要之協助。
五、考量勞工及其家庭之生活利益。」

也就是說，即使勞動契約確實有約定好工作內容或工作地點，雇主執行調動時，還是要符合上述原則，否則仍有違法調動之嫌。

綜上所述，為了避免勞資雙方因認知差距，導致日後管理上的衝突，建議企業在招募以及新進員工報到時備好工作說明書，清楚說明工作內容、工作地點、薪資結構、投保金額、公司內部規章、公司安全衛生守則等事項，並簽立相對應的勞動契約，如此流程才算完備。畢竟現在勞資糾紛的舉證責任，幾乎全部落在雇主身上，還是謹慎為上[1]。

註釋

1. 《勞動事件法》第35條:「勞工請求之事件,雇主就其依法令應備置之文書,有提出之義務。」

   《勞動事件法》第36條:「文書、勘驗物或鑑定所需資料之持有人,無正當理由不從法院之命提出者,法院得以裁定處新臺幣3萬元以下罰鍰;於必要時並得以裁定命為強制處分。當事人無正當理由不從第1項之命者,法院得認依該證物應證之事實為真實。」

   《勞動事件法》第37條:「勞工與雇主間關於工資之爭執,經證明勞工本於勞動關係自雇主所受領之給付,推定為勞工因工作而獲得之報酬。」

   《勞動事件法》第38條:「出勤紀錄內記載之勞工出勤時間,推定勞工於該時間內經雇主同意而執行職務。」

   《勞動基準法》第38條第6項:「勞工依本條主張權利時,雇主如認為其權利不存在,應負舉證責任。」

04　注意就業歧視！

「我們的工作粗重，男生比較適合喔！」

你知道嗎？面試時說出這句話的代價，是新臺幣30萬元起跳！

黑手起家的章董開了一間模具工廠，起初他一個人在鐵皮屋內埋頭苦幹，從一套製造產品的設備和一部送貨的摩托車開始，奮鬥了二十年，如今擁有一片工廠和三十餘名員工。由於章董的技術是實打實的，在業界享有盛名，無論規格品還是客製品，都能百分百滿足客戶的需求。

但是整間公司，除了會計、人事、生管、品管這些職缺會僱用女生之外，其他工作全部都是男生來做，尤其是製作模具，從入料、車床、銑床、磨床、車削、入庫、出貨到運送，皆無女性工作者。因為章董認為這些工作粗重、需要技術、環境髒污、機械設備危險，不適合女生。另外他也認為女生不會操作天車、不會開堆高機，而且力氣較小。綜合前述考量，章董公司的直接生產人員只僱用男性。

此次倉庫管理人員出缺，阿花前來應徵。她很想獲得這份工作，卻因身為女性而未被錄取。阿花心生不滿，到勞工

局檢舉章董公司「就業歧視」、「性別歧視」。勞工局接獲檢舉後,發函給章董公司,要求說明。

　　章董第一次收到這種公文,不知道該怎麼辦。問遍親友圈尋求支援,得到的回應無非是「先不用理會」、「只是問你為什麼,實話實說也不會怎樣」、「沒碰過這種狀況」、「公文要小心點應對」、「要不要找議員說一下」、「我認識勞工局的誰誰誰」⋯⋯章董的交友圈中都是殷實的生意人,他們提出的建議都是憑感覺、憑經驗。章董綜合大家的意見後,決定照實把「基於好心」而不錄取女生的原因回覆給勞工局,畢竟章董是以誠信做生意起家的。

　　二週後,章董再度收到勞工局的公文,竟是一張新臺幣30萬元的罰單!

☆

　　「不知者,無罪」、「出於善意者,無罪」,這可能是許多中小企業老闆的心態。另外一個想法是「做了十幾、二十年,也沒有發生過什麼,怎麼可能會有事?」還有一種心態是「我們的業態本來就是這樣,也沒有人出過問題」。所以收到罰單時,許多老闆都一臉驚訝,接著就是茫然、憤怒、破口大罵、怨天怨地怨倒楣。本文就要來談談就業歧視。

就業歧視相關法規，依據《就業服務法》第5條第1項：

「為保障國民就業機會平等，雇主對求職人或所僱用員工，不得以種族、階級、語言、思想、宗教、黨派、籍貫、出生地、性別、性傾向、年齡、婚姻、容貌、五官、身心障礙、星座、血型或以往工會會員身分為由，予以歧視；其他法律有明文規定者，從其規定。」

性別歧視相關法規，則依《性別平等工作法》第7條：

「雇主對求職者或受僱者之招募、甄試、進用、分發、配置、考績或陞遷等，不得因性別或性傾向而有差別待遇。但工作性質僅適合特定性別者，不在此限。」

違反上述二項法規，依《就業服務法》第65條及《性別平等工作法》第38-1條，都會分別處以新臺幣30萬元以上，150萬元以下的罰鍰。

當然有企業主張「工作性質僅適合特定性別者，不在此限」並據此進行陳述，如章董的陳述意見就說明：「入料、入庫、出貨運送等都是鐵件，非常粗重。車床、銑床、磨

床、車削等技術性工作一般女生不太會做。」

但是主管機關對於「工作性質僅適合特定性別者」的定義，是非常明確男女有別的工作，如單一性別的三溫暖或女性內衣褲銷售等。筆者有一家從事清潔業的客戶，在求職群組刊登「清掃女生廁所，限女生」的徵人啟事後遭控性別歧視。另一家客戶，則因為服務的廠商有部分位於工業區內公車無法到達的區域，在徵人啟事上註明「限十八歲以上有駕照者」，結果違反就業歧視相關法規。上述二家客戶分別被處以30萬元的罰鍰。

當今企業招募已經相當不容易，切莫因為公司的營運模式、行業特性、個人認知等因素而違反「就業歧視」、「性別歧視」規定，否則就可能收到30萬元罰單的大禮。公司的人事或人資單位在招募過程中刊登招募啟事，無論是線上、報紙還是刊物，都應注意法律分際。應徵、複試、寄發通知書的過程，當然也要謹慎以對，而且最好尋求專業人士的協助，做好預防措施，才不會發生爭議，或面臨被罰款的風險。

05 新人報到簽清楚，勞資權益不含糊！

　　新人招募大不易，企業簡直傷透腦筋。一整年招募廣告下了二、三家，來應徵的新人竟然也只有二、三個。眼看學經歷和應對進退都不符合公司的需求，無奈缺人啊，只好先擋著用了。不到三個月，發現能力真的不行，只好辦理資遣。這種戲碼如噩夢般一再地在中小企業裡重複，究竟該如何是好？

　　本文不討論招募，而要來談談：好不容易有新進人員報到時，哪些文件一定要簽？簽立的效益又是什麼？穩住新人是企業重要的課題，也是預防勞資糾紛的重點喔！

☆

　　新進人員報到後，面對新環境、新主管、新工作和新同事，忐忑不安很正常。人資專員將員工手冊中公司的願景、理念、使命、核心價值、高階經營者的話，向新人逐項說明後，新人就會比較安心，因為這是有制度的公司。再來就是

新人到職要簽的文件,文件內容寫清楚,若是日後發生糾紛,就可以一翻兩瞪眼,一切照章行事。

A.勞動契約:勞、資權利義務的信用狀

《勞動基準法施行細則》第7條明文規定:

「勞動契約應依本法有關規定約定下列事項:
一、工作場所及應從事之工作。
二、工作開始與終止之時間、休息時間、休假、例假、休息日、請假及輪班制之換班。
三、工資之議定、調整、計算、結算與給付之日期及方法。
四、勞動契約之訂定、終止及退休。
五、資遣費、退休金、其他津貼及獎金。
六、勞工應負擔之膳宿費及工作用具費。
七、安全衛生。
八、勞工教育及訓練。
九、福利。
十、災害補償及一般傷病補助。
十一、應遵守之紀律。

十二、獎懲。

十三、其他勞資權利義務有關事項。」

　　從上述規定可以看到，勞動契約中的約定項目涵蓋了勞工工作的所有勞動條件，以及雇主合法管理之約定，如薪資及發放、加班、調職、調假、調休、營業秘密保護、在職競業禁止、智慧財產權約定、管理規章遵守等條款。勞動契約越清楚，勞資糾紛就止步。

B.個人資料使用告知義務同意書：個資使用同意書

　　新人報到後，會繳交多項個人資料並填寫人事資料卡，雇主不只使用個人資料投保勞健保，也會用來處理排班、分配打掃區域、記功、記過等行政上的管理。如果沒有簽立個人資料使用告知義務同意書，就將勞工個資公開於公佈欄或通訊軟體群組，雇主恐因未經同意使用他人個資而違反《個人資料保護法》，可能因此受到罰款，甚至面臨判刑的風險[1]。

C.薪資議定書：薪資結構、發放說明書

　　勞工上班就是要領薪水，依據《勞動基準法》第21條

規定：「工資由勞、雇雙方議定之。」所以員工到職後，雇主要將底薪、全勤獎金、伙食津貼、主管加給、績效獎金、工作獎金、環境津貼等薪資科目說清楚。當然金額多寡、如何發放、如何加薪、如何減發、投保金額、加班費如何計算等事項，也不能含糊。明確說明後，再請員工在薪資議定書上簽名。

D.職務說明書：職務、職責、職位、職能

　　針對新進員工的學歷、經歷、工作內容、位階、所負責任、需學習之知識及技能、未來晉升方向提供說明書，指引新進人員現在與未來的職涯規劃。

E.試用期「錄用規定」：新進人員工作與學習指南

　　《勞動基準法》沒有試用期相關規定，可以由勞資雙方依據《民法》第153條的契約自由原則，自由約定。包括試用期限、學習內容、考核項目、考核附帶的加薪或延長試用期規定、試用不合格會如何處理等，都是試用期相關的約定內容。如此可以讓主管知道該怎麼打考績，也能讓新人知道怎麼做可以通過試用期。當然，勞資雙方根據新進人員的權

責、從屬性、位階、工作內容等,還有其他重要文件要簽署,例如:個資告知義務同意書、營業秘密保密切結書、保證服務同意書、智慧財產權聲明書、離職競業禁止協議書……等。這樣有助於確保並釐清勞資雙方的權利義務。

勞、資雙方常因認知差距,造成日後管理和權利上的衝突。企業應在招募以及新進員工報到時準備好工作說明書,向其清楚說明工作內容、工作地點、薪資結構、投保金額、公司內部規章、安全衛生守則等,並簽立相對應之各項文件。若日後發生爭執,就能據此提出有效的答辯。由於《勞動事件法》將舉證責任歸給資方[2],白紙黑字的規章制度及契約文件的建立,除了利於平時管理權之行使,日後發生勞資爭議時,更是釐清責任的依據。正所謂:「魔鬼藏在細節裡」,企業還是要按部就班地詳實執行,方可長治久安、安然無恙。

註釋

1. 《個人資料保護法》第29條第1項:「非公務機關違反本法規定,致個人資料遭不法蒐集、處理、利用或其他侵害當事人權利者,負損害賠償責任。但能證明其無故意或過失者,不在此限。」

  《個人資料保護法》第41條:「意圖為自己或第三人不法

之利益或損害他人之利益,而違反第6條第1項、第15條、第16條、第19條、第20條第1項規定,或中央目的事業主管機關依第21條限制國際傳輸之命令或處分,足生損害於他人者,處五年以下有期徒刑,得併科新臺幣100萬元以下罰金。」

2. 《勞動事件法》第35條:「勞工請求之事件,雇主就其依法令應備置之文書,有提出之義務。」

《勞動事件法》第36條第1項:「文書、勘驗物或鑑定所需資料之持有人,無正當理由不從法院之命提出者,法院得以裁定處新臺幣3萬元以下罰鍰;於必要時並得以裁定命為強制處分。」

《勞動事件法》第36條第5項:「當事人無正當理由不從第1項之命者,法院得認依該證物應證之事實為真實。」

《勞動事件法》第37條:「勞工與雇主間關於工資之爭執,經證明勞工本於勞動關係自雇主所受領之給付,推定為勞工因工作而獲得之報酬。」

《勞動事件法》第38條:「出勤紀錄內記載之勞工出勤時間,推定勞工於該時間內經雇主同意而執行職務。」

《勞動基準法》第38條第6項:「勞工依本條主張權利時,雇主如認為其權利不存在,應負舉證責任。」

06　試用期，合法嗎？

「你被錄取了！下週一來上班。前面三個月是試用期，要好好學習技術。報到時證件、文書都要帶齊。如果沒有其他問題的話，週一早上八點見喔！」

工作有了著落，小明踩著輕快的步伐，哼著歌走向捷運站。剛好跟小萍約在咖啡廳聊天的時間也快到了，真是一帆風順。結果，小萍聽完小明的敘述後驚呼：「試用期是違法的！《勞動基準法》已經沒有這個規定，你們公司怎麼可以這樣。而且薪資還打九折，試用期滿才要以期待薪資任用，這間公司這麼不守法，你不要去那裡上班了。」

小明突然覺得咖啡有點苦，說：「是喔，我就覺得怪怪的，原來是試用期有問題。可是好不容易才找到合適的工作，我再考慮看看。」

☆

關於試用期，筆者整理出以下問答，幫助讀者釐清。

A. 試用期合法嗎？

是合法的。

關於「試用期」之約定，原規範於《勞動基準法施行細則》，但該細則已於民國86年6月12日修正，刪除試用期間的規定。從這時起，試用期相關事項，便由勞資雙方依工作特性，在不違背契約誠信原則下自由約定（由勞動部勞動關係司於民國110年11月24日發布）[1]。顯然試用期是合法的，只要依照《民法》第153條中契約自由原則的方式，由勞資雙方簽立即可[2]。不過約定的內容仍不能違反法律的強制、禁止規定[3]。

B. 試用期有計算年資嗎？

是的。

《勞動基準法施行細則》第5條：

「勞工工作年資以服務同一事業單位為限，並自受僱當日起算。」

勞資雙方雖簽立試用期約定，實質上勞工已經到職並提

供勞務,故以到職日為受僱日之起算點。

C.試用期工資可以約定打折嗎?

可以。

老闆經由招募、面談、複試後,選用了符合要求的求職者,然而勞工是否適任,要在任職後才能知道。

依臺灣高等法院民國90年度勞上字第17號判決(節錄):

「本院認為試用期間約定,應屬附保留終止權之約定,即雇主於試用期間內綜合判斷求職者對企業之發展是否適格,如不適格,雇主即得於試用期滿前終止勞雇契約……若勞雇雙方於試用期間內發覺工作不適於由該勞工任之,或勞工不適應工作環境,應認勞資雙方於未濫用權利情形下,得任意終止勞動契約。」

另外,依據《勞動基準法》第21條之規定:

「工資由勞雇雙方議定之。但不得低於基本工資。」

綜合上述的判決和法規，我們可以知道：雇主在明確了解新進勞工的工作能力前，可以與求職者協議工資金額，待試用期滿、通過考核，才給予約定之薪資。但是有一個大前提，那就是「約定之薪資不得低於基本工資」。

D.試用期有資遣費嗎？

關於這個問題，行政機關與司法機關的看法不同。

行政機關的態度很明確，無論勞雇雙方是否約定試用期，只要雇主符合《勞動基準法》第11條之規定，要求勞工離職時，就要給予資遣費。行政院勞工委員會民國86年9月3日台（86）勞資2字第035588號函，便針對試用期是否需要給予資遣費提出了明確的解釋：

> 「……惟於該試用期內或屆期時，雇主欲終止勞動契約，仍應依勞動基準法第11、12、16、17條相關規定辦理[4]。」

然而，司法機關中多數法院見解認為，試用期間約定具有「附保留終止權」的法律性質，也就是賦予雙方較寬鬆解除契約的權利[5]。既然允許雙方可以較寬鬆地解除勞動

契約,也就不受《勞動基準法》第11條、第12條等法律約束。在沒有權利濫用的情況下,任一方都可以不依《勞動基準法》而解除契約;既然解除契約並非依照《勞動基準法》,就沒有資遣費的問題。

E. 試用期如何「試用」?

依據「錄用規定」。

最後,提供一個如何進行「試用期」的建議:建立新進人員「試用期錄用規定」,將試用期期間,勞工需要學習並熟練的工作內容、職務技能明確列出來,並按月進行教導及評核。若達優等(九十分以上),即通過試用期考核,予以正式任用、調整薪資,並將試用期打折的薪資,以獎勵金之方式發放。若為甲等(八十〜九十分),通過考核、正式任用、調整薪資;若為乙等(七十〜八十分),通過考核、正式任用,薪資酌以調整;若為丙等(六十〜七十分),延長試用期。若為六十分以下,則判定試用不合格。

綜上,試用期在勞資雙方沒有權利濫用以及違反社會秩序、公序良俗的情況下,可以依據《民法》之契約自由原則來約定[6]。

註釋

1. 《民法》第148條第2項:「行使權利,履行義務,應依誠實及信用方法。」
2. 《民法》第153條:「當事人互相表示意思一致者,無論其為明示或默示,契約即為成立。當事人對於必要之點,意思一致,而對於非必要之點,未經表示意思者,推定其契約為成立,關於該非必要之點,當事人意思不一致時,法院應依其事件之性質定之。」
3. 《民法》第71條:「法律行為,違反強制或禁止之規定者,無效。但其規定並不以之為無效者,不在此限。」
4. 《勞動基準法》第11條:「非有左列情事之一者,雇主不得預告勞工終止勞動契約:一、歇業或轉讓時。二、虧損或業務緊縮時。三、不可抗力暫停工作在一個月以上時。四、業務性質變更,有減少勞工之必要,又無適當工作可供安置時。五、勞工對於所擔任之工作確不能勝任時。」
《勞動基準法》第12條:「勞工有左列情形之一者,雇主得不經預告終止契約:一、於訂立勞動契約時為虛偽意思表示,使雇主誤信而有受損害之虞者。二、對於雇主、雇主家屬、雇主代理人或其他共同工作之勞工,實施暴行或有重大侮辱之行為者。三、受有期徒刑以上刑之宣告確

定，而未諭知緩刑或未准易科罰金者。四、違反勞動契約或工作規則，情節重大者。五、故意損耗機器、工具、原料、產品，或其他雇主所有物品，或故意洩漏雇主技術上、營業上之秘密，致雇主受有損害者。六、無正當理由繼續曠工三日，或一個月內曠工達六日者。雇主依前項第1款、第2款及第4款至第6款規定終止契約者，應自知悉其情形之日起，三十日內為之。」

《勞動基準法》第16條第1項：「雇主依第11條或第13條但書規定終止勞動契約者，其預告期間依左列各款之規定：一、繼續工作三個月以上一年未滿者，於十日前預告之。二、繼續工作一年以上三年未滿者，於二十日前預告之。三、繼續工作三年以上者，於三十日前預告之。」

《勞動基準法》第17條：「雇主依前條終止勞動契約者，應依下列規定發給勞工資遣費：一、在同一雇主之事業單位繼續工作，每滿一年發給相當於一個月平均工資之資遣費。二、依前款計算之剩餘月數，或工作未滿一年者，以比例計給之。未滿一個月者以一個月計。前項所定資遣費，雇主應於終止勞動契約三十日內發給。」

5. 臺灣高等法院臺中分院民國106年度重勞上字第2號判決、臺灣高等法院民國105年度勞上字第117號判決、臺灣高等法院民國105年度勞上字第104號判決、臺灣高等

法院民國102年度勞上字第100號判決、臺灣高等法院民國92年度勞上字第20號判決、臺灣高等法院民國90年度勞上字第17號民事判決參照。

6.《民法》第148條第1項：「權利之行使，不得違反公共利益，或以損害他人為主要目的。」

07 薪資講好了就可以嗎？

阿美剛從學校畢業，在校成績不錯的她，認為自己的能力至少符合一定的薪資水準。幾經面試，她最終被知名連鎖服飾品牌錄取，擔任前台銷售人員。前三個月為試用期，總經理說先從基本工資起算[1]，通過試用期再依工作表現加薪，並根據業績發放獎金。阿美心想：「沒關係，我就用工作表現與能力爭取加薪，一樣能達到我的目標！」

三個月試用期過後，小美卻發現薪資竟然仍是基本工資，便找總經理理論，為什麼通過了試用期卻沒有加薪？總經理理直氣壯地說：「公司給你的薪資裡，包含底薪、全勤獎金、伙食津貼、家庭津貼、工作津貼、技術津貼、敬業獎金、職務津貼、櫃位津貼、績效獎金……已經給你這麼多了，怎麼還不知足？而且我們當初都已經講好了。」小美聽完總經理的話，突然覺得公司好像已經仁至義盡。但在走出總經理室後，她卻幡然醒悟：薪資科目縱使有千百種，但加總之後還是只有基本工資啊！我明天要再來理論一次！

☆

《勞動基準法》第21條第1項規定：

「工資由勞雇雙方議定之。但不得低於基本工資。」

確實在勞工到職時，勞資雙方可以合意約定工資之金額、科目、給付方式等內容，但書又規定，雖然可以約定工資，金額仍舊不能低於基本工資。此時就會有幾個問題：

A. 試用期滿一定要加薪嗎？

《勞動基準法》並無規定「試用期」期滿是否需加薪，所以，勞資雙方可以自由約定。建議雇主可以在「試用期錄用規定」中明確列出規範，讓新進同仁在報到後的「新人教育訓練」時了解試用期應該做的工作、應學習之技能、考核重點、通過或加薪之分數，並明確說明試用期滿後會有以下四種情況：

a. 通過試用期，加薪並拿獎金。
b. 通過試用期，加薪。
c. 通過試用期，不加薪。
d. 未通過試用期，延長試用期。

e. 試用不合格。

B. 基本工資就是底薪嗎？

依據《勞動基準法施行細則》第11條：

「本法第21條所稱基本工資，指勞工在正常工作時間內所得之報酬。不包括延長工作時間之工資與休息日、休假日及例假工作加給之工資。」

也就是說，勞工在當月1號起，每日正常工作時間八小時、每週工作五天直到月底，在沒有遲到、早退、請假等會導致扣薪的情況下，取得由雇主發給之固定工資，其金額以政府頒布之基本工資金額為準。若為單一底薪之薪資科目（只有底薪一個科目，不包含薪資、獎金、加給）時，金額可以等同於基本工資。若是像小美公司這樣，薪資科目有很多種，但底薪未達基本工資時，基本工資就不等於底薪了。

C. 基本工資可以約定內含全勤獎金嗎？

如果約定基本工資包含全勤獎金，若勞工因事假、病

假、遲到、早退等因素，導致全勤獎金被扣光，剩下的薪水除以三十天後，可能會低於法定基本工資的日薪標準，而造成違法。這樣的情況下，基本工資就不可以約定內含全勤獎金。

D. 基本工資可以扣除勞工的勞、健保自負額嗎？

勞、健保是強制投保的社會保險[2]，保費的繳納結構分為雇主、勞工、政府三方支付。勞工的勞、健保自負額，是依法自行繳納的金額[3]，所以雇主發放基本工資時，可以扣除勞、健保自負額。

E. 勞工請事假、病假，扣薪後可以低於基本工資嗎？

勞工請事假、病假導致的缺勤，屬於可歸責於勞工的事項。若雇主依照《勞工請假規則》，因勞工請假而扣薪一天或半天[4]，導致勞工當月領取的薪資金額未達基本工資，雇主也不會違法。所以，如果勞工請事假、病假，經雇主扣款導致薪資低於基本工資，是可以的。

總結來說，小美的基本工資在勞、資雙方協議之下，可以自由約定薪資科目。但是，因為小美的薪資科目中包含全

勤獎金、績效獎金等「一次性給予或扣除」的科目，若全勤獎金因為遲到、早退、請事假、請病假而一次性扣除，或績效獎金因為績效不佳而減發的比例過高，都可能導致未達基本工資，而有違法之虞。

薪資科目應基於公平性、功能性、激勵性來約定，企業切勿使用一堆華而不實的科目，迷惑勞工而意欲扣款。如此必然會影響勞資雙方互信，也容易引起勞資糾紛，企業主不可不慎！

註釋

1. 《最低工資法》第1條：「為確保勞工合理之最低工資，提高勞工及其家庭之生活水準，促進勞資和諧，特制定本法。最低工資事項，依本法之規定；本法未規定者，適用勞動基準法及其他相關法律之規定。」

   《最低工資法》第2條：「本法之主管機關：在中央為勞動部；在直轄市為直轄市政府；在縣（市）為縣（市）政府。」

   《最低工資法》第3條：「本法之適用對象為適用勞動基準法之勞工。本法所稱勞工、雇主、工資及事業單位之定義，依勞動基準法第2條規定。」

   《最低工資法》第4條：「最低工資分為每月最低工資及每

小時最低工資。」

《最低工資法》第5條:「勞工與雇主雙方議定之工資,不得低於最低工資;其議定之工資低於最低工資者,以本法所定之最低工資為其工資數額。」

2. 《勞工保險條例》第6條:「年滿十五歲以上,六十五歲以下之左列勞工,應以其雇主或所屬團體或所屬機構為投保單位,全部參加勞工保險為被保險人:一、受僱於僱用勞工五人以上之公、民營工廠、礦場、鹽場、農場、牧場、林場、茶場之產業勞工及交通、公用事業之員工。二、受僱於僱用五人以上公司、行號之員工。三、受僱於僱用五人以上之新聞、文化、公益及合作事業之員工。四、依法不得參加公務人員保險或私立學校教職員保險之政府機關及公、私立學校之員工。五、受僱從事漁業生產之勞動者。六、在政府登記有案之職業訓練機構接受訓練者。七、無一定雇主或自營作業而參加職業工會者。八、無一定雇主或自營作業而參加漁會之甲類會員。前項規定,於經主管機關認定其工作性質及環境無礙身心健康之未滿十五歲勞工亦適用之。前二項所稱勞工,包括在職外國籍員工。」

《全民健康保險法》第1條第2項:「本保險為強制性之社會保險,於保險對象在保險有效期間,發生疾病、傷害、

生育事故時，依本法規定給與保險給付。」

3. 《勞工保險條例》第15條：「勞工保險保險費之負擔，依下列規定計算之：一、第6條第1項第1款至第6款及第8條第1項第1款至第3款規定之被保險人，其普通事故保險費由被保險人負擔20%，投保單位負擔70%，其餘10%，由中央政府補助；職業災害保險費全部由投保單位負擔。二、第6條第1項第7款規定之被保險人，其普通事故保險費及職業災害保險費，由被保險人負擔60%，其餘40%，由中央政府補助。三、第6條第1項第8款規定之被保險人，其普通事故保險費及職業災害保險費，由被保險人負擔20%，其餘80%，由中央政府補助。四、第8條第1項第4款規定之被保險人，其普通事故保險費及職業災害保險費，由被保險人負擔80%，其餘20%，由中央政府補助。五、第9條之1規定之被保險人，其保險費由被保險人負擔80%，其餘20%，由中央政府補助。」

4. 《勞工請假規則》第7條：「勞工因有事故必須親自處理者，得請事假，一年內合計不得超過十四日。事假期間不給工資。」

《勞工請假規則》第4條第3項：「普通傷病假一年內未超過三十日部分，工資折半發給，其領有勞工保險普通傷病給付未達工資半數者，由雇主補足之。」

第 2 章

在職期間篇

01 員工只有三人，不用投保吧？（一）

　　阿水與老婆一起經營手搖飲料攤，生意高峰期會請二名部分工時（PT）員工偕同工作。阿水聽說僱用員工五人以上才要成立投保單位，自己才僱了阿東、阿西二位部分工時員工，即使加上自己和老婆，也才四個人，應該不必投保吧？阿水心想，這樣省了不少錢。阿東、阿西也不懂這些規定。反正老闆每個月都準時發薪資，每天還可以喝免費的飲料，已經很不錯了。

　　某日，阿東在廚房煮茶時不慎滑倒，頭部撞上牆角昏迷，阿水趕緊將他送醫治療。阿東在加護病房急救，因為是在工作場所受傷，屬於職業災害。掛號處的醫護人員得知傷患在工作時受傷，就提醒阿水：「記得要帶勞工保險職業傷害門診單及住院申請書，否則負擔會比較重。」

　　阿水一臉茫然，有沒有用職業傷害門診單及住院申請書，到底有什麼差別？

☆

從阿水老闆的案例，可以看到許多微型企業經營者對法律地雷感到茫然，當踩到地雷爆炸時才知大事不妙。看到這裡，可能大家還不知道大事為何不妙，以下來詳細說明。

首先，來看看《勞工保險條例》第6條：

「年滿十五歲以上，六十五歲以下之左列勞工，應以其雇主或所屬團體或所屬機構為投保單位，全部參加勞工保險為被保險人：

一、受僱於僱用勞工五人以上之公、民營工廠、礦場、鹽場、農場、牧場、林場、茶場之產業勞工及交通、公用事業之員工。

二、受僱於僱用五人以上公司、行號之員工。（以下略）」

上述法規強制要求五人以上的公司行號設立投保單位，反之四人以下就可以不必設立「**勞保**」投保單位。所以，阿水的手搖飲料攤不設立「**勞保**」投保單位是合法的。

但是，阿水沒有投保勞工職業災害保險，阿東也因此無法領取職業災害保險的醫療、住院、失能、死亡等給付。阿東在工作場所受傷，明確屬於《勞動基準法》的職業災害，阿水必須負起《勞動基準法》第59條規定的各項補償責

任,包括醫療補償、工資補償、失能補償、死亡補償[1]。白話來說,阿水要支付阿東在職業災害期間,醫生診斷證明上所記錄的「因職業災害必須花費之醫療住院等費用」,以及無法工作期間,每月正常工作的薪資。若職業災害造成失能(如變成植物人)或因此而死亡,也屬於阿水要承擔的《勞動基準法》補償責任。

假設阿東每個月領取新臺幣2萬元(部分工時員工薪資),阿水要承擔的責任如下:

A. 醫療補償

只要是醫院開具之「必須醫療費用」,阿水老闆都必須負擔,金額無上限。

B. 工資補償

假設阿水老闆跟阿東約定的薪資是每個月新臺幣2萬元。如果阿東的傷一直未癒,而且都能提出醫院所開立、寫著「宜休養幾個月不能工作」的診斷證明書,那麼阿水最長應給付阿東二年薪資,即20,000元×24個月=480,000元。

二年過後,如果阿東的傷還是沒有好,也無法回來上

班，阿水老闆有二條路可以選。一是繼續每個月給付阿東2萬元薪資，直到發生以下三種情形之一：阿東痊癒可以工作、失能，或是死亡。二是一次給付四十個月薪資，終止工資補償責任，即20,000元×40個月＝800,000元。

C. 如果阿東被醫院判定失能，職業災害的失能補償，依照勞工職業災害保險之失能給付標準，被保險人之失能程度經評估符合下列情形之一者，得請領失能年金：

a. 完全失能
按平均月投保薪資70%發給。
b. 嚴重失能
按平均月投保薪資50%發給。
c. 部分失能
按平均月投保薪資20%發給[2]。

當然上述舉例的金額都是極大值，但是仍舊存在這種風險。如果有足額投職業災害保險，在沒有以多報少的情況下，這三項補償幾乎都由勞保局支付。其中的工資補償，不能工作的第四天起，前二個月會由職業災害保險負擔100%傷病給付[3]，第三個月起雇主只需要負擔30%。若雇主再加

保團體保險附加職災險,或是雇主補償險加上雇主責任險,法律風險就幾乎轉移到商業保險上了。

那麼,除了上述事項以外,阿水老闆還有沒有其他要負擔的責任?請見下回分解。

註釋

1. 《勞動基準法》第59條:「勞工因遭遇職業災害而致死亡、失能、傷害或疾病時,雇主應依下列規定予以補償。但如同一事故,依勞工保險條例或其他法令規定,已由雇主支付費用補償者,雇主得予以抵充之:一、勞工受傷或罹患職業病時,雇主應補償其必須之醫療費用。職業病之種類及其醫療範圍,依勞工保險條例有關之規定。二、勞工在醫療中不能工作時,雇主應按其原領工資數額予以補償。但醫療期間屆滿二年仍未能痊癒,經指定之醫院診斷,審定為喪失原有工作能力,且不合第3款之失能給付標準者,雇主得一次給付四十個月之平均工資後,免除此項工資補償責任。三、勞工經治療終止後,經指定之醫院診斷,審定其遺存障害者,雇主應按其平均工資及其失能程度,一次給予失能補償。失能補償標準,依勞工保險條例有關之規定。四、勞工遭遇職業傷害或罹患職業病而死亡時,雇主除給與五個月平均工資之喪葬費外,並應一次

給與其遺屬四十個月平均工資之死亡補償。」

2. 《勞工職業災害保險及保護法》第43條第2項：「前項被保險人之失能程度，經評估符合下列情形之一者，得請領失能年金：一、完全失能：按平均月投保薪資70%發給。二、嚴重失能：按平均月投保薪資50%發給。三、部分失能：按平均月投保薪資20%發給。」

3. 《勞工職業災害保險及保護法》第42條第2項：「前項傷病給付，前二個月按被保險人平均月投保薪資發給，第三個月起按被保險人平均月投保薪資70%發給，每半個月給付一次，最長以二年為限。」

02 員工只有三人，不用投保吧？（二）

話說阿水與老婆共同經營手搖飲料攤，因為員工阿東在廚房不慎滑倒，頭部撞到牆角受傷，屬於職業災害，阿水老闆因此要承擔《勞動基準法》第59條的補償責任。阿水認為《勞工保險條例》既然明文規定五人以上的公司行號才要強制加保，自己沒有幫員工投保並未違法，為何還要負擔這麼大的責任？因此在跟阿東家屬進行職業災害和解時，他一直無法釋懷。而且阿水實在無力負擔如此鉅額的補償，因而調解多次都沒有進展。阿東的家屬則認為阿水是不良老闆，只想要推卸責任。於是就向勞工局檢舉阿水違法未投保勞、健保和勞退6%，並且向法院分別依《民法》之損害賠償及《勞動基準法》之補償責任提出訴訟，請求阿水老闆給付天文數字的賠償。

勞工局受理阿東家屬的檢舉後，前往阿水的飲料攤進行勞動檢查，並將投保案件分別移送勞保局及健保局。阿水老闆經歷一場暴雨後，迎接的不是晴天，而是十七級的強烈颱風啊！

☆

　　阿水老闆是微型企業經營者,對法律規定感到陌生,而且自認為並無違法,所以當被要求支付鉅額賠償時,心裡難免憤憤不平。然而,調解的過程又因無力負擔請求,故沒有達成和解,導致被勞動檢查、勞保局跟健保局查核要求提供資料說明等倒楣事接二連三。除了前一篇提到的《勞動基準法》第59條補償責任外,面對勞動檢查、勞保局和健保局的查核,以及阿東家屬以《民法》提出的損害賠償,阿水老闆會受到什麼樣的罰款,又需要支付什麼樣的賠償?以下一一說明。

A.勞動檢查

　　將於本書第4章〈其他勞資相關法律規定〉勞動檢查相關文章中討論。

B.勞保

　　因為阿水老闆的飲料攤,聘僱員工確實在五人以下,所以勞保部分免罰。

C.就業保險

《就業保險法》第5條第1項規定：

「年滿十五歲以上，六十五歲以下之下列受僱勞工，應以其雇主或所屬機構為投保單位，參加本保險為被保險人：
一、具中華民國國籍者。
二、與在中華民國境內設有戶籍之國民結婚，且獲准居留依法在臺灣地區工作之外國人、大陸地區人民、香港居民或澳門居民。」

因此阿水老闆仍應為阿東、阿西二位員工投保就業保險。若未投保，依《就業保險法》第38條第1項規定，將被處以十倍的罰鍰：

「投保單位違反本法規定，未為其所屬勞工辦理投保手續者，按自僱用之日起，至參加保險之前一日或勞工離職日止應負擔之保險費金額，處十倍罰鍰。勞工因此所受之損失，並應由投保單位依本法規定之給付標準賠償之。」

D. 全民健康保險

《全民健康保險法》第8條第1項，規定了應參與全民健保的保險對象：

> 「具有中華民國國籍，符合下列各款資格之一者，應參加本保險為保險對象。」

而阿東屬於其中第2款第3目：「參加本保險時已在臺灣地區設有戶籍之人員，前二目被保險人以外有一定雇主之受僱者」[1]。所以阿水老闆仍應為阿東、阿西投保全民健康保險。

若未投保，依《全民健康保險法》第84條第1項規定，會被處以二倍到四倍的罰鍰：

> 「投保單位未依第15條規定，為所屬被保險人或其眷屬辦理投保手續者，除追繳保險費外，並按應繳納之保險費，處以二倍至四倍之罰鍰。」

E. 勞工退休金

《勞工退休金條例》於第7條第1項中規定本條例適用對象，其中包含第1款的「本國籍勞工」[2]。所以只要有聘僱勞工並發放薪資的雇主，就必須為其提撥6%的退休金。

　否則，依照《勞工退休金條例》第49條第1項之規定，雇主將被處罰：

> 「雇主違反第8條之1第5項、第9條、第18條、第20條第1項、第21條第2項、第35條之2或第39條規定，未辦理申報提繳、停繳手續、置備名冊或保存文件，經限期改善，屆期未改善者，處新臺幣2萬元以上10萬元以下罰鍰，並按月處罰至改正為止。」

F. 職業災害保險

　依據《勞工職業災害保險及保護法》第6條第1項之規定：

> 「年滿十五歲以上之下列勞工，應以其雇主為投保單位，參加本保險為被保險人：（以下略）」

　所以職業災害保險並無人數限制，只要具備勞動契約關

係，雇主就應該為勞工投保。

依據《勞工職業災害保險及保護法》第12條第1項之規定：

「符合第6條至第8條規定之勞工，投保單位應於本法施行之當日或勞工到職、入會、到訓之當日，列表通知保險人辦理投保手續。但依第6條第3項第3款公告之人員，投保單位應於該公告指定日期為其辦理投保手續。」

依據《勞工職業災害保險及保護法》第96條之規定：

「投保單位或雇主未依第12條規定，為所屬勞工辦理投保、退保手續者，處新臺幣2萬元以上10萬元以下罰鍰，並令其限期改善；屆期未改善者，應按次處罰。」

阿水老闆的飲料攤依法不用辦理勞保投保單位，但還是要為員工投保就業保險、全民健康保險、勞工退休金6%提撥、勞工職業災害保險。在阿水老闆的案例中，其實只有勞保可以不必投保，然而他誤以為就業保險、全民健康保險、勞工退休金6%提撥、勞工職業災害保險也可以一併不必投

保，而這個錯誤觀念會讓他遭受鉅額罰款。

最後，如果阿東因為職業災害受傷，並住進加護病房，勞檢單位會到現場勘驗。若阿東是自己不慎滑倒，阿水老闆只要負擔前一篇提及的《勞動基準法》補償責任即可。但若阿東跌倒是因為阿水老闆的疏失，例如地板過滑、工作人員未穿止滑鞋、燈光昏暗等，這些疏失被檢查出來時，基於《民法》第184條侵權行為之規定[3]，阿水老闆就必須負擔《民法》第192條至195條之各項損害賠償[4]。

表1　雇主疏失致職業災害，《民法》之損害賠償

《民法》第184條	侵權行為損害賠償
《民法》第192條	喪失勞動力
《民法》第193條	醫療及增加生活上需要之費用殯葬費
《民法》第194條	精神賠償
《民法》第195條	第三人法定扶養義務（父母子女）

如果民事賠償成立，假設阿東二十五歲成為植物人，阿水老闆應支付的民事賠償極大值試算如下：

- 喪失勞動力：從阿東二十五歲起算，至六十五歲為止，請求約960萬元。

  20,000元 × 12個月 ×（65-25）年 = 9,600,000元

- 醫療費用：全天需要看護，如以二十四小時、每月6萬元計算，四十年約需要2,880萬元，尚不含其他醫療費用自付額。
- 因職業災害所增加的生活費用：交通費、營養費、器材費等，均可列入。

至此，企業經營的過程，該遵守的法令一定要遵守，該做的保護制度也一定要完備，不怕一萬，只怕萬一遇到十七級風暴，一生努力全吹跑。

註釋

1.《全民健康保險法》第8條第1項：「具有中華民國國籍，符合下列各款資格之一者，應參加本保險為保險對象：一、最近二年內曾有參加本保險紀錄且在臺灣地區設有戶籍，或參加本保險前六個月繼續在臺灣地區設有戶籍。二、參加本保險時已在臺灣地區設有戶籍之下列人員：（一）政府機關、公私立學校專任有給人員或公職人員。（二）公民營事業、機構之受僱者。（三）前二目被保險人以外有一定雇主之受僱者。（四）在臺灣地區出生之新生嬰兒。（五）因公派駐國外之政府機關人員與其配偶及子女。」

2. 《勞工退休金條例》於第7條第1項:「本條例之適用對象為適用勞動基準法之下列人員,但依私立學校法之規定提撥退休準備金者,不適用之:一、本國籍勞工。二、與在中華民國境內設有戶籍之國民結婚,且獲准居留而在臺灣地區工作之外國人、大陸地區人民、香港或澳門居民。三、前款之外國人、大陸地區人民、香港或澳門居民,與其配偶離婚或其配偶死亡,而依法規規定得在臺灣地區繼續居留工作者。四、前二款以外之外國人,經依入出國及移民法相關規定許可永久居留,且在臺灣地區工作者。」

3. 《民法》第184條:「因故意或過失,不法侵害他人之權利者,負損害賠償責任。故意以背於善良風俗之方法,加損害於他人者亦同。違反保護他人之法律,致生損害於他人者,負賠償責任。但能證明其行為無過失者,不在此限。」

4. 《民法》第192條:「不法侵害他人致死者,對於支出醫療及增加生活上需要之費用或殯葬費之人,亦應負損害賠償責任。被害人對於第三人負有法定扶養義務者,加害人對於該第三人亦應負損害賠償責任。第193條第2項之規定,於前項損害賠償適用之。」

《民法》第193條:「不法侵害他人之身體或健康者,對於被害人因此喪失或減少勞動能力或增加生活上之需要時,

應負損害賠償責任。前項損害賠償，法院得因當事人之聲請，定為支付定期金。但須命加害人提出擔保。」

《民法》第194條：「不法侵害他人致死者，被害人之父、母、子、女及配偶，雖非財產上之損害，亦得請求賠償相當之金額。」

《民法》第195條第1項：「不法侵害他人之身體、健康、名譽、自由、信用、隱私、貞操，或不法侵害其他人格法益而情節重大者，被害人雖非財產上之損害，亦得請求賠償相當之金額。其名譽被侵害者，並得請求回復名譽之適當處分。」

03　勞、健保投保金額大有學問！（一）

《勞工保險條例》第1條：

「為保障勞工生活，促進社會安全，制定本條例。」

《全民健康保險法》第1條第1項：

「為增進全體國民健康，辦理全民健康保險（以下稱本保險），以提供醫療服務，特制定本法。」

《勞工退休金條例》第1條第1項：

「為增進勞工退休生活保障，加強勞雇關係，促進社會及經濟發展，特制定本條例。」

以上分別是勞保、健保、勞退的立法宗旨。勞保、勞退6%，一看就知道是要為勞工投保的，而健保是為增進全體國民健康，範圍更是擴及全體國民。

但職業的型式百百種，上班族、部分工時工作者（也就是俗稱的工讀生或PT）、身兼多職的工作者、外籍移工、老闆、委任經理人、股東、董監事、攤販、包租公、學生、軍人、服刑者……這些不同身分的人，都需要投勞保、就保、工資墊償、健保、勞退和職災保險嗎？哪一種人不必投保？依不同身分應投保哪些保險？投保金額該如何計算？

不同身分有不同投保方式，不同職業也會有不同投保依據和投保金額。勞保、健保、勞退、職災保險，各有各的級距。從事部分工時工作時，可能會有三種不同的投保金額。而高階經理人因薪資較高，更可能有四種不同投保金額，投保金額級距又要符合法令規定，常常讓人資同仁眼花撩亂。

☆

部分工時工作者是當有工作需求時才接獲通知來上班，屬於臨時工，這樣要投保嗎？營造工地三天叫一次「點工人員」來清理工地雜物，要幫他投保嗎？早餐店才僱用二個員工，每天只上班四小時，這樣要投保嗎？有這麼多的投保問題，常常讓企業一個頭二個大，以下就來一一說明。

在《勞工保險條例》、《全民健康保險法》、《勞工退休金條例》、《就業保險法》、職業災害保險及保護法的規定

裡，勞工就職後有些是強制投保，有些是自願加保，有些則是不必投保。如果老闆搞不清楚而未依法投保，就會受到補繳、罰款的處分。勞工也會因為老闆以多報少而蒙受損失，若勞工因此向勞工局提出勞資爭議或向法院提起訴訟，老闆可能需要賠錢，或被罰錢。更有甚者，會因雇主投保以多報少，而被以偽造文書或是詐欺罪起訴，面臨被判刑的危機。

A. 不具勞工身分，或與公司無僱傭關係者

   a. 依《勞工保險條例》第8條之規定，董事長、委任經理人得於實際從事勞動之事業單位投保。
   b. 承攬人員若屬無營業登記狀態，應依其職業屬性投保職業工會。
   c. 派遣人員則應於其所屬之雇主，即派遣公司進行投保。

B. 具勞工身分

　　勞工經理人、一般勞工、外國移工、工讀生逾三個月以上年資者（健保規定三個月內之短期工作者，具原投保身分者，可不必投保）均以其雇主為投保單位[1]。

C.非屬受僱者

　　阿兵哥、包租公、服刑者,都不屬於受僱者,所以投保健保即可,不用投保勞保。

　　投保分為「一定要保(應)」、「不必保(×)」、「可保可不保(得)」。下頁表2列出各種身分的投保權益,供讀者參考。

　　本文初步釐清了不同身分的投保問題,但是該投保多少金額?投保級距又該如何判定?請見下回分解!

註釋

1. 《全民健康保險法施行細則》第20條:「保險對象原有之投保資格尚未喪失,其從事短期性工作未逾三個月者,得以原投保資格繼續投保。」
行政院衛生署民國84年7月4日衛署健保字第84031133號函。

表2　投保權益表

項次	身分／職業	勞保	健保	就保	勞退	職災險	工資墊償
1	董事長	得	應	×	得自提	得	×（非勞工）
2	委任經理人	得	應（受僱者）	×（非勞工）	得	得	得
3	勞工經理人	應	應	應	應	應	應
4	勞工	應	應	應	應	應	應
5	勞工（育嬰留停）	得	得	得	×	×	得
6	勞工（無一定雇主）	應	×（三個月內）	應	應	應	應
7	勞工（逾三個月工讀生）	應	應	應	應	應	應
8	勞動者（承攬契約）	×	×	×	×	×	×
9	派遣勞工（要派公司）	×	×	×	×	×	×
10	勞工（已領老年給付，未逾六十五歲）	×	應	×	應	應	應
11	外國移工	應	應	×	×	應	×
12	阿兵哥（有留職停薪）	得	應（部隊）	×	×	×	×
13	包租公	×	應	×	×	×	×
14	攤販	得	應	×	×	應	×
15	服刑者	×	應	×	×	×	×

備註：
1.「應」指的是強制規定,「得」指的是任意規定,可自願進行。「×」則代表依法不需投保。
2.上述不同身分者,均應以符合法律規定之模式投保。

04 勞、健保投保金額大有學問！（二）

不同身分應投保不同社會保險，投保時又需要依照法定級距。某些老闆因為想省錢、不懂法律規定、加薪後忘記調整，甚至基於勞工要求（例如卡債族、投保漁會、農會、職業工會等因素），會發生未投保、以多報少、以少報多（例如勞工薪資不高，但想要領取高額退休金）等情況，並在事後遭受主管機關罰款、公布大名，或因勞工索賠鬧到勞工局，甚至因以多報少遭致刑責，付出慘痛的代價。

綜上，投保級距如何決定？投保依據又是什麼呢？以下就來一一說明。

☆

勞保級距為1萬1,100元至4萬5,800元；健保則是2萬8,590元（隨基本工資調整）至31萬3,000元（健保投保級距新增到第十組級距，衛福部於民國113年12月18日公告修正「全民健康保險投保金額分級表」，將投保上限調高至31.3萬元，自民國114年1月1日開始實施）。勞退6%之級

距為1,500元至15萬元；職災保險級距為2萬8,590元（隨基本工資調整）至7萬2,800元。由此可知，四種投保方式，有四種不同的級距。

假設工讀生每星期僅例假日前來工作，月領8,500元，其投保金額分別為：勞保1萬1,100元、健保及職災保險2萬8,590元、勞退6%則是8,700元，共三種不同投保金額。

假設高階經理人每月薪資16萬元，其投保金額分別為：勞保4萬5,800元、健保16萬2,800元、職災保險7萬2,800元、勞退6%則是15萬元，共四種不同投保金額。

表3為民國114年五合一投保級距表，可以立即對照每月領取之薪資與應投保金額，及勞工、雇主應繳納金額。

而投保金額級距的依據是什麼？答案是「工資」，請見下回分解。

表3 民國114年投保級距表（民國114年1月1日啟用）

類別	投保薪資	勞保費（含就業保險費）勞工負擔	勞保費（含就業保險費）雇主負擔	職業災害保險 雇主負擔	健保費 勞工負擔	健保費 雇主負擔	勞工退休金 雇主負擔	勞健保、勞退、職災費用合計 勞工負擔	勞健保、勞退、職災費用合計 雇主負擔	備註
部分工時	1,500	277	972	55	443	1,384	90	720	2,501	勞退最低級距
	3,000	277	972	55	443	1,384	180	720	2,591	
	4,500	277	972	55	443	1,384	270	720	2,681	
	6,000	277	972	55	443	1,384	360	720	2,771	
	7,500	277	972	55	443	1,384	450	720	2,861	
	8,700	277	972	55	443	1,384	522	720	2,933	
	9,900	277	972	55	443	1,384	594	720	3,005	
	11,100	277	972	55	443	1,384	666	720	3,077	勞保最低級距
	12,540	313	1,097	55	443	1,384	752	756	3,288	
	13,500	338	1,182	55	443	1,384	810	781	3,431	
	15,840	396	1,386	55	443	1,384	950	839	3,775	
	16,500	413	1,444	55	443	1,384	990	856	3,873	
	17,280	432	1,512	55	443	1,384	1,037	875	3,988	
	17,880	447	1,564	55	443	1,384	1,073	890	4,076	
	19,047	476	1,666	55	443	1,384	1,143	919	4,248	
	20,008	500	1,751	55	443	1,384	1,200	943	4,390	
	21,009	525	1,838	55	443	1,384	1,261	968	4,538	
	22,000	550	1,925	55	443	1,384	1,320	993	4,684	
	23,100	577	2,022	55	443	1,384	1,386	1,020	4,847	
	24,000	600	2,100	55	443	1,384	1,440	1,043	4,979	
	25,250	632	2,210	55	443	1,384	1,515	1,075	5,164	
	26,400	660	2,310	55	443	1,384	1,584	1,103	5,333	
	27,600	690	24,15	55	443	1,384	1,656	1,133	5,510	

類別	投保薪資	勞保費（含就業保險費）勞工負擔	勞保費（含就業保險費）雇主負擔	職業災害保險 雇主負擔	健保費 勞工負擔	健保費 雇主負擔	勞工退休金 雇主負擔	勞健保、勞退、職災費用合計 勞工負擔	勞健保、勞退、職災費用合計 雇主負擔	備註
1	28,590	715	2,501	55	443	1,384	1,715	1,158	5,655	健保職災最低級距
2	28,800	720	2,520	58	447	1,394	1,728	1,167	5,700	
3	30,300	758	2,651	61	470	1,466	1,818	1,228	5,996	
4	31,800	795	2,783	64	493	1,539	1,908	1,288	6,294	
5	33,300	833	2,914	67	516	1,611	1,998	1,349	6,590	
6	34,800	870	3,045	70	540	1,684	2,088	1,410	6,887	
7	36,300	908	3,176	73	563	1,757	2,178	1,471	7,184	
8	38,200	955	3,342	76	592	1,849	2,292	1,547	7,559	
9	40,100	1,002	3,509	80	622	1,940	2,406	1,624	7,935	
10	42,000	1,050	3,675	84	651	2,032	2,520	1,701	8,311	
11	43,900	1,098	3,841	88	681	2,124	2,634	1,779	8,687	
12	45,800	1,145	4,008	92	710	2,216	2,748	1,855	9,064	勞保最高級距
13	48,200	1,145	4,008	96	748	2,332	2,892	1,893	9,328	
14	50,600	1,145	4,008	101	785	2,449	3,036	1,930	9,594	
15	53,000	1,145	4,008	106	822	2,565	3,180	1,967	9,859	
16	55,400	1,145	4,008	111	859	2,681	3,324	2,004	10,124	
17	57,800	1,145	4,008	116	896	2,797	3,468	2,041	10,389	
18	60,800	1,145	4,008	122	943	2,942	3,648	2,088	10,720	
19	63,800	1,145	4,008	128	990	3,087	3,828	2,135	11,051	
20	66,800	1,145	4,008	134	1,036	3,233	4,008	2,181	11,383	
21	69,800	1,145	4,008	140	1,083	3,378	4,188	2,228	11,714	
22	72,800	1,145	4,008	146	1,129	3,523	4,368	2,274	12,045	職災保險最高
23	76,500	1,145	4,008	146	1,187	3,702	4,590	2,332	12,446	
24	80,200	1,145	4,008	146	1,244	3,881	4,812	2,389	12,847	

類別	投保薪資	勞保費(含就業保險費) 勞工負擔	勞保費(含就業保險費) 雇主負擔	職業災害保險 雇主負擔	健保費 勞工負擔	健保費 雇主負擔	勞工退休金 雇主負擔	勞健保、勞退、職災費用合計 勞工負擔	勞健保、勞退、職災費用合計 雇主負擔	備註
25	83,900	1,145	4,008	146	1,301	4,060	5,034	2,446	13,248	
26	87,600	1,145	4,008	146	1,359	4,239	5,256	2,504	13,649	
27	92,100	1,145	4,008	146	1,428	4,457	5,526	2,573	14,137	
28	96,600	1,145	4,008	146	1,498	4,675	5,796	2,643	14,625	
29	101,100	1,145	4,008	146	1,568	4,892	6,066	2,713	15,112	
30	105,600	1,145	4,008	146	1,638	5,110	6,336	2,783	15,600	
31	110,100	1,145	4,008	146	1,708	5,328	6,606	2,853	16,088	
32	115,500	1,145	4,008	146	1,791	5,589	6,930	2,936	16,673	
33	120,900	1,145	4,008	146	1,875	5,850	7,254	3,020	17,258	
34	126,300	1,145	4,008	146	1,959	6,112	7,578	3,104	17,844	
35	131,700	1,145	4,008	146	2,043	6,373	7,902	3,188	18,429	
36	137,100	1,145	4,008	146	2,126	6,634	8,226	3,271	19,014	
37	142,500	1,145	4,008	146	2,210	6,896	8,550	3,355	19,600	
38	147,900	1,145	4,008	146	2,294	7,157	8,874	3,439	20,185	
39	150,000	1,145	4,008	146	2,327	7,259	9,000	3,472	20,413	勞退最高級距
40	156,400	1,145	3,848	146	2,426	7,568	9,000	3,571	20,562	
41	162,800	1,145	3,848	146	2,525	7,878	9,000	3,670	20,872	
42	169,200	1,145	3,848	146	2,624	8,188	9,000	3,769	21,182	
43	175,600	1,145	3,848	146	2,724	8,497	9,000	3,869	21,491	
44	182,000	1,145	3,848	146	2,823	8,807	9,000	3,968	21,801	
45	189,500	1,145	3,848	146	2,939	9,170	9,000	4,084	22,164	
46	197,000	1,145	3,848	146	3,055	9,533	9,000	4,200	22,527	
47	204,500	1,145	3,848	146	3,172	9,896	9,000	4,317	22,890	
48	212,000	1,145	3,848	146	3,288	10,259	9,000	4,433	23,253	
49	219,500	1,145	3,848	146	3,404	10,622	9,000	4,549	23,616	

類別	投保薪資	勞保費（含就業保險費）勞工負擔	勞保費（含就業保險費）雇主負擔	職業災害保險 雇主負擔	健保費 勞工負擔	健保費 雇主負擔	勞工退休金	勞健保、勞退、職災費用合計 勞工負擔	勞健保、勞退、職災費用合計 雇主負擔	備註
50	228,200	1,145	3,848	146	3,539	11,043	9,000	4,684	24,037	
51	236,900	1,145	3,848	146	3,674	11,464	9,000	4,819	24,458	
52	245,600	1,145	3,848	146	3,809	11,885	9,000	4,954	24,879	
53	254,300	1,145	3,848	146	3,944	12,306	9,000	5,089	25,300	
54	263,000	1,145	3,848	146	4,079	12,727	9,000	5,224	25,721	
55	273,000	1,145	3,848	146	4,234	13,211	9,000	5,379	26,205	
56	283,000	1,145	3,848	146	4,389	13,695	9,000	5,534	26,689	
57	293,000	1,145	3,848	146	4,544	14,179	9,000	5,689	27,173	
58	303,000	1,145	3,848	146	4,700	14,663	9,000	5,845	27,657	
59	313,000	1,145	3,848	146	4,855	15,146	9,000	6,000	28,140	健保最高級距

備註：
1. 各項最低級距之應繳金額，以勞保、健保、勞退或職災保險之實際投保薪資等級計算。
2. 本表所列係為民國114年度之投保金額，僅供參考使用，實際需繳納之保費仍需依主管機關公布之金額為準。
3. 本表所適用之對象為一般本國勞工。
4. 本表所列保費係以「月」為計算單位，新進人員加保者及破月退保者，按「日」計收勞保費，健保費則按「月」計收。
5. 勞保投保級距最低為1萬1,100元，健保、職災保險投保級距最低為2萬8,590元；勞退提繳最低級距為1,500元。
6. 勞保投保級距最高為4萬5,800元，健保級距最高為31萬3,000元，職災保險級距最高為7萬2,800元；勞退提繳最高級距為15萬元。
7. 工資墊償基金，係由雇主依勞工保險投保薪資總額之0.025%按月提繳，因繳納金額較低未計入本表。
8. 就業保險費用1%，內含於勞保費用之中（民國114年為11.5%＋1%＝12.5%）。
9. 本表之「職業災害保險雇主負擔費用」為根據勞動部新聞稿說明之民國111年平均職災總費率0.20%計算出之結果。又雇主實際負擔費用會因為各行業別適用的職災費率不同而變動，請依照主管機關公布之職災費率表為準：http://www.rootlaw.com.tw/Attach/L-Doc/A040290061001300-1101026-1000-001.pdf

05 不可不知的勞動成本：勞保、健保、勞退6%

每個月繳納的勞保、健保及勞退6%，成本到底有多高？公司與勞工各自負擔的比例是多少？許多公司其實是搞不清楚的。通常公司收到勞保局、健保局寄來的繳款單，都會在期限內就趕快繳掉，避免因為遲繳或漏繳而產生罰款跟滯納金。

許多小企業因為不諳法令或為了節省經營成本，能低報就低報；又因為招募困難，遇到臨時工、已在農保、漁保、職業工會投保，或是欠債不能投保的勞工，就要求其簽具不投保切結書後，直接不投保了，這樣可以嗎？

☆

上述問題牽扯到投保是否具強制性？投保金額的依據是什麼？收入不固定要如何投保？勞資雙方可以協議不投保嗎？有諸多問題等待釐清。

A. 勞保、健保及勞退6%，是否具強制性？

《勞工保險條例》第6條第1項：

「年滿十五歲以上，六十五歲以下之左列勞工，應以其雇主或所屬團體或所屬機構為投保單位，全部參加勞工保險為被保險人：
一、受僱於僱用勞工五人以上之公、民營工廠、礦場、鹽場、農場、牧場、林場、茶場之產業勞工及交通、公用事業之員工。
二、受僱於僱用五人以上公司、行號之員工。（以下略）」

上述法規強制要求五人以上公司行號要設立勞保投保單位為員工投保。

《全民健康保險法》第8條第1項：

「具有中華民國國籍，符合下列各款資格之一者，應參加本保險為保險對象：
一、最近二年內曾有參加本保險紀錄且在臺灣地區設有戶籍，或參加本保險前六個月繼續在臺灣地區設有

戶籍。

二、參加本保險時已在臺灣地區設有戶籍之下列人員（以下略）」

　　上述法規強制要求所有受僱關係之人員均應投保健保。《勞工退休金條例》第14條第1項：

「雇主應為第7條第1項規定之勞工負擔提繳之退休金，不得低於勞工每月工資6%。」

　　上述法規強制要求雇主為符合條件之所有員工進行退休金提繳。
　　由上可知，勞保、健保及勞退6%均為依法應強制投保，企業之投保責任顯然難以避免。故縱使跟員工以口頭約定或簽立不投保協議書，未幫員工投保的企業，由於行為已經違反法律強制規定，所以該不投保協議書仍屬無效[1]。

B.投保金額之依據為何？收入不固定如何投保？

　　投保金額規定分別如下：

a. 勞保

依據《勞工保險條例》第14條第1項，勞保的每月投保薪資，即為「投保單位依照被保險人的每月薪資總額，依投保薪資分級表之規定，向保險人申報之薪資」[2]。如果每月薪資不定，投保金額則依據《勞工保險條例》施行細則第27條第1項，以**最近三個月收入的平均**為準[3]。

b. 健保

依據《全民健康保險法》第20條第1項，受僱者「以其薪資所得為投保金額」[4]。另外，依據《全民健康保險法》第21條第2項，除非已達最高級距，否則被保險人的投保金額不能低於其勞工退休金月提繳工資和其他社會保險的投保薪資。如果發現被保險人的投保金額低於這個標準，則投保單位（通常是雇主）必須通知保險人進行調整，保險人也可以直接調整，以確保金額符合規定[5]。

c. 勞退6%

《勞工退休金條例》第14條規定[6]，雇主應為勞工負擔提繳的退休金，**不得低於勞工每月工資的6%**。依照《勞動基準法》第2條[7]，此處所稱的「勞工」，指的是受僱從事工作並獲取薪資者。「雇主」為僱用勞工的事業主、事業經營負責人，或代表事業主處理有關勞工事務的人。「工資」則是指「勞工因工作而獲得之報酬；

包括工資、薪金及按計時、計日、計月、計件以現金或實物等方式給付之獎金、津貼及其他任何名義之經常性給與均屬之」[8]。

從上述規定可以知道，投保薪資是以《勞動基準法》第2條第3款所指的「工資」作為依據，重點在於「因工作獲得之報酬」及「經常性給予」。跟工資有關的勞動成本包括：勞保、就保、健保費、舊制退休金、新舊制資遣費、新制退休金提繳、職災補償、延長工時工資、休息日加班工資、休假日加班工資、各種有薪假工資、預告工資、工資墊償、福利金、年資結算金……等。

筆者茲於表4列出勞保、健保、勞退6%的成本明細，便於讀者參考。

表4　民國114年勞保、健保、勞退6%之年度成本明細

勞保保費成本	投保薪資×11.5%×70%×12月＝96.6%（最高調至13%）
職災保費成本	投保薪資×0.21%（平均費率）×100%×12月＝2.52%
就保保費成本	投保薪資×1%×70%×12月＝8.4%
工資墊償成本	投保薪資總額萬分之2.5×12月＝0.003＝0.3%
健保保費成本	投保金額×5.17%×（1+0.56）×60%×12月＝58.07% 補充保費一年2.11%（暫以一個月年終獎金計算）
勞退提繳成本	月提繳工資×6%×12月＝72%
總成本	一年240%（一個月20%）

從表4投保成本明細的說明中可以看到，薪資加上勞動成本，等於一年至少支出十四個月薪資，這樣的負擔對於中小企業來說，著實不輕鬆啊！

註釋

1. 《民法》第71條：「法律行為，違反強制或禁止之規定者，無效。」
2. 《勞工保險條例》第14條第1項：「前條所稱月投保薪資，係指由投保單位按被保險人之月薪資總額，依投保薪資分級表之規定，向保險人申報之薪資；被保險人薪資以件計算者，其月投保薪資，以由投保單位比照同一工作等級勞工之月薪資總額，按分級表之規定申報者為準。被保險人為第6條第1項第7款、第8款及第8條第1項第4款規定之勞工，其月投保薪資由保險人就投保薪資分級表範圍內擬訂，報請中央主管機關核定適用之。」
3. 《勞工保險條例》施行細則第27條第1項：「本條例第14條第1項所稱月薪資總額，以勞動基準法第2條第3款規定之工資為準；其每月收入不固定者，以最近三個月收入之平均為準；實物給與按政府公布之價格折為現金計算。」
4. 《全民健康保險法》第20條第1項：「第一類及第二類被

保險人之投保金額，依下列各款定之：一、受僱者：以其薪資所得為投保金額。二、雇主及自營業主：以其營利所得為投保金額。三、自營作業者及專門職業及技術人員自行執業者：以其執行業務所得為投保金額。」

5. 《全民健康保險法》第21條第2項：「前項被保險人之投保金額，除已達本保險最高一級者外，不得低於其勞工退休金月提繳工資及參加其他社會保險之投保薪資；如有本保險投保金額較低之情形，投保單位應同時通知保險人予以調整，保險人亦得逕予調整。」

6. 《勞工退休金條例》第14條第1項：「雇主應為第7條第1項規定之勞工負擔提繳之退休金，不得低於勞工每月工資6%。」

7. 《勞工退休金條例》第3條：「本條例所稱勞工、雇主、事業單位、勞動契約、工資及平均工資之定義，依勞動基準法第2條規定。」

8. 《勞動基準法》第2條：「本法用詞，定義如下：一、勞工：指受雇主僱用從事工作獲致工資者。二、雇主：指僱用勞工之事業主、事業經營之負責人或代表事業主處理有關勞工事務之人。三、工資：指勞工因工作而獲得之報酬；包括工資、薪金及按計時、計日、計月、計件以現金或實物等方式給付之獎金、津貼及其他任何名義之經常性

給與均屬之。四、平均工資：指計算事由發生之當日前六個月內所得工資總額除以該期間之總日數所得之金額。工作未滿六個月者，指工作期間所得工資總額除以工作期間之總日數所得之金額。工資按工作日數、時數或論件計算者，其依上述方式計算之平均工資，如少於該期內工資總額除以實際工作日數所得金額60%者，以60%計。五、事業單位：指適用本法各業僱用勞工從事工作之機構。六、勞動契約：指約定勞雇關係而具有從屬性之契約。七、派遣事業單位：指從事勞動派遣業務之事業單位。八、要派單位：指依據要派契約，實際指揮監督管理派遣勞工從事工作者。九、派遣勞工：指受派遣事業單位僱用，並向要派單位提供勞務者。十、要派契約：指要派單位與派遣事業單位就勞動派遣事項所訂立之契約。」

06 勞、健保加保,員工可以要求不投保嗎?

　　阿明是個上班族,因為重視生活享受,於是辦了好幾張信用卡,並向銀行貸款買了輛小車環島圓夢。過了一陣子逍遙的日子後,借款很快就花完了。由於繳不出信用卡費跟貸款,阿明遭到銀行申請法院強制執行,查封了他的汽車和每個月 1/3 的薪資。阿明即使領到全薪都不夠花,何況是被查封了 1/3[1]。迫於無奈,阿明只好離職。為了生活以及償還親朋好友的借款(欠銀行的錢暫時無力償還),阿明還是積極地找工作。但面試時,阿明都先向雇主表明:「我因為私人因素,沒有辦法在公司投保。我可以簽不投保切結書,放棄一切權利,如果發生任何問題,我自己承擔。」

　　從上面的例子來看,如果雇主跟員工協議好、也簽了不投保切結書,這樣就可以不投保嗎[2]?

☆

　　以上市櫃公司或管理制度健全的企業而言,所有員工都

要強制投保，否則不予錄取，因此似乎不會遇到上述案例中的狀況。但是一百五十多萬家中小企業，經常會碰到員工不投保的問題。例如：老闆的親戚、核心技術人員、高階管理人員、在職業工會或農漁會投保、欠債族等情況。其實最嚴重的，是這類企業經常缺工，而且招募不易。所以，即使遇到不能投保的員工，有時也會僱用。很多老闆以為，只要勞資雙方協議好、也簽了切結書，公司就沒有責任了。

針對這個問題，我們先來看看法律怎麼規定，再來看看這切結書的作用。

《勞工保險條例》第6條第1項：

「年滿十五歲以上，六十五歲以下之左列勞工，應以其雇主或所屬團體或所屬機構為投保單位，全部參加勞工保險為被保險人[3]：

一、受僱於僱用勞工五人以上之公、民營工廠、礦場、鹽場、農場、牧場、林場、茶場之產業勞工及交通、公用事業之員工。

二、受僱於僱用五人以上公司、行號之員工。

三、受僱於僱用五人以上之新聞、文化、公益及合作事業之員工。（以下略）」

《全民健康保險法》第8條第1項：

「具有中華民國國籍，符合下列各款資格之一者，應參加本保險為保險對象：
一、最近二年內曾有參加本保險紀錄且在臺灣地區設有戶籍，或參加本保險前六個月繼續在臺灣地區設有戶籍。
二、參加本保險時已在臺灣地區設有戶籍之下列人員：
　　（一）政府機關、公私立學校專任有給人員或公職人員。
　　（二）公民營事業、機構之受僱者。
　　（三）前二目被保險人以外有一定雇主之受僱者。
　　（以下略）」

《勞工退休金條例》第6條第1項：

「雇主應為適用本條例之勞工，按月提繳退休金，儲存於勞保局設立之勞工退休金個人專戶。」

《就業保險法》第5條第1項：

「年滿十五歲以上，六十五歲以下之下列受僱勞工，應以其雇主或所屬機構為投保單位，參加本保險為被保險人。（以下略）」

從上述《勞工保險條例》、《全民健康保險法》、《勞工退休金條例》、《就業保險法》等法規來看，我們可以得知，勞工就職後即強制投保勞保、健保、勞退、就保。若雇主未投保，將分別受到補繳、罰款之處分，不可不慎啊！

若是雇主跟員工協議好、員工也簽了不投保切結書，內容寫道：「本人因私人因素，請求公司不為本人投保勞保、健保、勞退、就保、職災保險，若因此導致公司受到行政處罰，或發生任何事故，本人願承擔所有法律責任以及賠償公司因此所受之損害。口說無憑，特立此書為證。」若有了這份切結書，雇主是否就可以把法律責任轉移到員工身上？

答案是否定的。即使簽下上開切結書，雇主仍需承擔未投保的法律責任，如未投保之罰款、員工職災時的醫療補償、工資補償、失能補償、死亡補償等責任，員工普通傷病時的傷病給付、普通傷病失能給付、死亡給付責任、老年給付賠償、失業給付賠償等。

為什麼呢？因為勞保、健保、勞退、就保、職災保險屬於法律規定之強制投保之社會保險，不能透過勞資雙方協議

的方式排除。所以這類切結書在法律上無效，一切還是要依照勞保、健保、勞退、就保、職災保險未投保之規定辦理。

我們曾接獲一個案件，員工因為欠債而請求公司不要投保，並且簽具切結書。公司除了答應員工的要求沒有為他加保，老闆還每個月額外補貼3,000元作為勞、健保及勞退6%的費用。後來員工上班途中發生車禍受重傷住院，一出院就向勞工局檢舉，指控公司沒有幫他加保，求償120萬元。後來在勞工局調解時，主席得知事實後對資方說：「董事長，於情於理我很同情你，因為你不是為了省錢才沒幫他投保。但是依照法律，勞保和職災保險都是強制投保，只要他是你的員工，你就要為他加保。今天發生職災，從法律上看你也確實沒有幫他投保，所以還是要負擔職災的補償責任[4]。」

總之，具強制性、禁止性的法律，都不能違反。而在簽立切結書、承諾書、同意書、協議書、約定書等文件前，都要先確定是否真的具有法律上的效力，否則還是要負擔全部賠償責任。

註釋

1. 《強制執行法》第115-1條第2項：「對於下列債權發扣押命令之範圍，不得逾各期給付數額1/3：一、自然人因提供勞務而獲得之繼續性報酬債權。二、以維持債務人或其

共同生活親屬生活所必需為目的之繼續性給付債權。」
2. 不投保切結書因違反勞保、健保、勞退、災保、就保等法律強制規定而無效。
3. 法條中的「應」字，為法律上之強制規定，「不得」則為法律上之禁止規定。
4. 《勞動基準法》第59條：「勞工因遭遇職業災害而致死亡、失能、傷害或疾病時，雇主應依下列規定予以補償。但如同一事故，依勞工保險條例或其他法令規定，已由雇主支付費用補償者，雇主得予以抵充之：一、勞工受傷或罹患職業病時，雇主應補償其必須之醫療費用。職業病之種類及其醫療範圍，依勞工保險條例有關之規定。二、勞工在醫療中不能工作時，雇主應按其原領工資數額予以補償。但醫療期間屆滿二年仍未能痊癒，經指定之醫院診斷，審定為喪失原有工作能力，且不合第3款之失能給付標準者，雇主得一次給付四十個月之平均工資後，免除此項工資補償責任。三、勞工經治療終止後，經指定之醫院診斷，審定其遺存障害者，雇主應按其平均工資及其失能程度，一次給予失能補償。失能補償標準，依勞工保險條例有關之規定。四、勞工遭遇職業傷害或罹患職業病而死亡時，雇主除給與五個月平均工資之喪葬費外，並應一次給與其遺屬四十個月平均工資之死亡補償。其遺屬受領

死亡補償之順位如下：（一）配偶及子女。（二）父母。（三）祖父母。（四）孫子女。（五）兄弟姐妹。」

07　到底有幾種加班費？

　　我們接著來看看加班費怎麼計算。

　　《勞動基準法》中，並沒有明確寫出「加班」這個字眼，只有「延長工作時間」、「再延長工作時間」、「延長工作時間工資」、「再延長工作時間工資」。不過本篇還是以「加班」二字來稱呼，讀者可能比較習慣。

　　「月薪制勞工」、「時薪制勞工」的加班費有何不同？加班應該從何時起算？加班費到底有幾種？加班費要用什麼基數計算？加班費要不要列入投保薪資？加班費是應稅薪資或是免稅薪資？

　　再往下延伸，還會有其他問題：早點到公司上班、晚點從公司下班打卡算不算加班？休假日接到老闆的電話，算不算加班？尾牙聚餐、員工旅遊、公司教育訓練算不算加班？

　　這麼多問題，真是讓人有點頭暈。

　　另外，加班費的計算有加倍、平日每小時工資加給1/3（俗稱1.34倍）、平日每小時工資加給2/3（俗稱1.67倍）、二倍，延長工時、再延長工時、休息日加班、休假日加班、例假日違法或合法加班⋯⋯到底要用哪種倍數才完全合法？

☆

加班二字好沉重,加班的原因百百種:效率不彰、不良率過高、客戶退貨導致、趕出貨、勞工人數不足、設備不足、責任制……無論什麼原因,只要勞工有加班,雇主就是要付加班費。以下就來解答加班的相關疑問。

A.加班何時起算?

下班後工作即是加班、申請加班才算加班、老闆指派工作才算加班、出差就算加班,有這麼多說法,加班時間到底怎麼算?

還好《勞動基準法施行細則》第20-1條有這樣的規定:

「本法所定雇主延長勞工工作之時間如下:
一、每日工作時間超過八小時或每週工作總時數超過四十小時之部分。但依本法第30條第2項、第3項或第30條之1第1項第1款變更工作時間者,為超過變更後工作時間之部分。
二、勞工於本法第36條所定休息日工作之時間。」

也就是說,原則上只要勞工每天上班超過八小時,或一週工時加總超過四十小時(非變形工時),超過的時間就算是加班。

B.加班費如何計算?

只要有加班就應給付加班費,但計算模式到底有幾種?

a. 平日及休息日加班
依《勞動基準法》第24條第1項:

「雇主延長勞工工作時間者,其延長工作時間之工資,依下列標準加給:
一、延長工作時間在二小時以內者,按平日每小時工資額加給1/3以上(俗稱1.34)。
二、再延長工作時間在二小時以內者,按平日每小時工資額加給2/3以上(俗稱1.67)。
三、依第32條第4項規定,延長工作時間者,按平日每小時工資額加倍發給。」

以及《勞動基準法》第24條第2項:

「雇主使勞工於第36條所定休息日工作,工作時間在二小時以內者,其工資按平日每小時工資額另再加給1又1/3以上;工作二小時後再繼續工作者,按平日每小時工資額另再加給1又2/3以上。」

b. 休假日加班

依《勞動基準法》第39條:

「第36條所定之例假、休息日、第37條所定之休假及第38條所定之特別休假,工資應由雇主照給。雇主經徵得勞工同意於休假日工作者,工資應加倍發給。因季節性關係有趕工必要,經勞工或工會同意照常工作者,亦同。」

此處的加倍,指的是「原領取之薪資」加給一倍,比如月薪資3萬元之勞工,在雙十國慶日加班一天,當天的加班費就是30,000元÷30(天)= 1,000元。

c. 強制停止假期的加班

依《勞動基準法》第40條第1項:

「因天災、事變或突發事件,雇主認有繼續工作之必要

時,得停止第36條至第38條所定勞工之假期。但停止假期之工資,應加倍發給,並應於事後補假休息。」

此處所指的假期,包含例假日、休假日(國定假日)以及特別休假。

C.違法加班之加班費模式

企業在缺工、趕工時,可能天天加班、超時加班、連續七日工作(非變形工時),容易出現「一日工作超過十二小時、一個月加班時數累積超過四十六小時」的違法加班情形。另外,非四週變形工時制度或84-1條指定工作者之企業,依《勞動基準法》第36條之規定,不得使勞工連續七日工作。加班時數若違反《勞動基準法》第32條第2項的規定,將處以新臺幣2萬至100萬之罰鍰[1]。但是為了訂單生產,或許有時也不得不如此。即使是違法加班,也要依照《勞動基準法》第39條給付加班費。那麼,這種情況下加班費該怎麼計算呢?其實,還是要依據《勞動基準法》第24條的規定。

假設某員工薪資總額為新臺幣3萬元,30,000元÷30(天)÷8(小時)= 125元,其平日、休息日、國定假日、

例假日（因天災出勤的合法加班）、例假日（非因天災出勤的違法加班）等不同情況的加班費計算，請見下頁表5。

註釋

1.《勞動基準法》第79條第1項：「有下列各款規定行為之一者，處新臺幣2萬元以上100萬元以下罰鍰：一、違反第21條第1項、第22條至第25條、第30條第1項至第3項、第6項、第7項、第32條、第34條至第41條、第49條第1項或第59條規定。二、違反主管機關依第27條限期給付工資或第33條調整工作時間之命令。三、違反中央主管機關依第43條所定假期或事假以外期間內工資給付之最低標準。」

表5 加班費計算示範表

加班時數	平日 加班費	平日 實發金額	休息日 加班費	休息日 實發金額
1	0	0	4/3（即1.34）	125×1.34＝168
2	0	0	4/3（即1.34）	125×1.34＝168
3	0	0	5/3（即1.67）	125×1.67＝209
4	0	0	5/3（即1.67）	125×1.67＝209
5	0	0	5/3（即1.67）	125×1.67＝209
6	0	0	5/3（即1.67）	125×1.67＝209
7	0	0	5/3（即1.67）	125×1.67＝209
8	0	0	5/3（即1.67）	125×1.67＝209
9	4/3（即1.34）	125×1.34＝168	1＋5/3＝2.67	125＋（125×1.67）＝334
10	4/3（即1.34）	125×1.34＝168	1＋5/3＝2.67	125＋（125×1.67）＝334
11	5/3（即1.67）	125×1.67＝209	1＋5/3＝2.67	125＋（125×1.67）＝334
12	5/3（即1.67）	125×1.67＝209	1＋5/3＝2.67	125＋（125×1.67）＝334
13（違法）	5/3（即1.67）	125×1.67＝209	1＋5/3＝2.67	125＋（125×1.67）＝334

加班時數	國定假日／特別休假 加班費	國定假日／特別休假 實發金額	例假日（因天災出勤的合法加班） 加班費	例假日（因天災出勤的合法加班） 實發金額	例假日（非因天災出勤的違法加班） 加班費	例假日（非因天災出勤的違法加班） 實發金額
1	1	125	1＋補休	125＋補休	1	125
2	1	125	1＋補休	125＋補休	1	125
3	1	125	1＋補休	125＋補休	1	125
4	1	125	1＋補休	125＋補休	1	125
5	1	125	1＋補休	125＋補休	1	125
6	1	125	1＋補休	125＋補休	1	125
7	1	125	1＋補休	125＋補休	1	125
8	1	125	1＋補休	125＋補休	1	125
9	4/3（即1.34）	125×1.34＝168	2＋補休	250＋補休	4/3（即1.34）	125×1.34＝168
10	4/3（即1.34）	125×1.34＝168	2＋補休	250＋補休	4/3（即1.34）	125×1.34＝168
11	5/3（即1.67）	125×1.67＝209	2＋補休	250＋補休	5/3（即1.67）	125×1.67＝209
12	5/3（即1.67）	125×1.67＝209	2＋補休	250＋補休	5/3（即1.67）	125×1.67＝209
13（違法）	5/3（即1.67）	125×1.67＝209	2＋補休	250＋補休	5/3（即1.67）	125×1.67＝209

08 經理是責任制嗎？

「責任制」這三個字在企業中常被使用。

章董經營模具公司十幾年，其中有二位經理、三位課長、四位行政人員在面試時已經清楚說明屬於「責任制」，所以每天都要完成工作才能下班，且「沒有加班費」。

阿成是業務經理，每個月薪資是新臺幣8萬元，加上績效獎金、年終分紅，年薪大約新臺幣120萬元。由於工作涉及產品外銷歐、美市場，基於二地時差，他常需要在上班時與製造部門進行產銷會議，下班後還要與國外客戶進行業務聯繫。每每工作告一段落，他舉頭望時鐘，都已接近晚上十點多。而業務部門早上九點上班，下班時已經歷了十三個小時，甚至週六還要到公司整理訂單文件。雖然章董在業務部門業績目標達成時，會發給一筆豐厚的達標獎金，獎勵業績出色的人員，但是業績不好的人員流動率就很高，業務部門也常常在徵人。

阿成辛苦工作了十年後，產生職業倦怠，業績也開始滑落，於是他想好好休個長假。然而，在向章董請特別休假時，章董卻以責任制人員沒有特休為由不准假，雙方甚至產

生了口角。最後章董找到新的業務經理,便叫阿成自請離職,好好休息。阿成離職後鬱鬱寡歡,約了多年未見的勞資顧問好友阿智吃飯。當阿智聽到「責任制」這三個字時,追問阿成出任經理是否經過《公司法》的程序?是否有在經濟部進行經理人登記?阿成滿頭問號地說:「我是在章董二次面試之後錄取,一開始就擔任業務經理了,並沒有登記。」

　　阿智告訴阿成:「你們公司是製造業,縱使有業務部門,原則上仍舊不是主管機關指定適用《勞動基準法》第84-1條(俗稱的**責任制條款**)的工作者[1]。所以你不是委任經理人,也不屬於《勞動基準法》上的責任制,依法要打卡,工作超時要有加班費,例假日、休息日、國定假日、特別休假日、婚假、喪假等等的法定權利,也都是你應該享有的。所以,你有權向公司請求過去五年超時工作、在休息日、國定假日和特別休假加班的加班費。你的薪水這麼高,可以請求的金額粗估有到上百萬喔!」

　　阿成聽了,瞬間眼睛一亮。

☆

　　阿成真的可以向章董公司請求過去五年的加班費、休假不足加班費等權利嗎(依據《民法》,阿成若有請求權,時

效為五年[2]）？

　　許多企業認為高階主管就是責任制，而高階主管也認為自己領的薪資比較高，要負擔許多管理責任，所以是責任制。而責任制主管就是扛責任、扛目標、扛業績，所以無加班費也不必打卡。實際上，只要是適用《勞動基準法》的企業，未經過《公司法》第29條而聘任的經理人，不論其職稱是經理、副總經理、總經理、執行長、營運長等，都適用《勞動基準法》上的所有強制、禁止規定。因此，只要違反規定者，就會受到主管機關查核處罰，且員工可以依法主張權益。至於要經過哪些程序，才能明確釐清工作者是否適用《勞動基準法》，請參酌以下重點：

A. 檢視公司是否為《勞動基準法》第3條規定之適用行業[3]。

　　上述章董的模具公司屬於製造業，適用《勞動基準法》。

B. 檢視出任經理之程序，或簽署的文件屬性。

　　阿成於章董二次面試後，一經錄取便擔任業務經理，並未經過《公司法》第29條之程序任命。所以他不是「委任

經理人」，應適用《勞動基準法》。

C.檢視是否具有人格從屬性、經濟從屬性、組織從屬性[4]。

　　阿成受到公司的指揮和監督，公司也可以基於阿成的業績決定要發給他多少獎金，而阿成工作上也與各部門進行組織上的分工，顯然符合勞工之從屬性。

　　綜上所述，阿成確實具有勞工身分，他可以向章董公司請求過去五年超時加班、休假不足等情況的加班費。我們現在就來初步計算一下，阿成可以請求多少錢？

A.假設條件如下

　a. 薪資每月新臺幣 8 萬元。
　b. 每日工時十三小時，扣除午餐、晚餐時間各一小時後，尚餘十一小時。即每日加班三小時，設一個月以十天計算加班費。
　c. 特別休假滿五年至十年皆為十五天，$15 \times 5 = 75$ 天。
　d. 隔週休息日到公司加班，設每月計休息日二天，一年共計二十四天，五年共計一百二十天。

B.阿成共計可請求金額

　a. 三小時加班費（其中二小時為1.34倍，一小時為1.67倍）

　　（80,000÷30÷8）×2×1.34×10×12×5＝536,000元

　　（80,000÷30÷8）×1×1.67×10×12×5＝334,000元

　b. 特別休假未休假工資[5]

　　80,000÷30×75＝200,000元

　c. 休息日加班費[6]

　　（80,000÷30÷8）×2×1.34×120＝107,200元

　　（80,000÷30÷8）×6×1.67×120＝400,800元

　d. 總計可請求金額

　　536,000＋334,000＋200,000＋107,200＋400,800＝1,578,000元

　恭喜了！阿成經理，你不算是責任制，還可以向公司追償超過150萬！

　此處也要特別提醒各位讀者，不是位階高的職務就算是責任制喔。

註釋

1. 《勞動基準法》第84-1條:「經中央主管機關核定公告之下列工作者,得由勞雇雙方另行約定,工作時間、例假、休假、女性夜間工作,並報請當地主管機關核備,不受第30條、第32條、第36條、第37條、第49條規定之限制。一、監督、管理人員或責任制專業人員。二、監視性或間歇性之工作。三、其他性質特殊之工作。前項約定應以書面為之,並應參考本法所定之基準且不得損及勞工之健康及福祉。」

2. 《民法》第126條:「利息、紅利、租金、贍養費、退職金及其他一年或不及一年之定期給付債權,其各期給付請求權,因五年間不行使而消滅。」

3. 《勞動基準法》第3條第1項:「本法於左列各業適用之:一、農、林、漁、牧業。二、礦業及土石採取業。三、製造業。四、營造業。五、水電、煤氣業。六、運輸、倉儲及通信業。七、大眾傳播業。八、其他經中央主管機關指定之事業。」

4. 勞動部於民國108年11月19日訂定之「勞動契約認定指導原則」及「勞動契約從屬性判斷檢核表」。

5. 《勞動基準法施行細則》第24-1條第2項:「本法第38條

第4項所定雇主應發給工資,依下列規定辦理:一、發給工資之基準:(一)按勞工未休畢之特別休假日數,乘以其一日工資計發。(二)前目所定一日工資,為勞工之特別休假於年度終結或契約終止前一日之正常工作時間所得之工資。其為計月者,為年度終結或契約終止前最近一個月正常工作時間所得之工資除以三十所得之金額。(三)勞雇雙方依本法第38條第4項但書規定協商遞延至次一年度實施者,按原特別休假年度終結時應發給工資之基準計發。二、發給工資之期限:(一)年度終結:於契約約定之工資給付日發給或於年度終結後三十日內發給。(二)契約終止:依第9條規定發給。」

6. 《勞動基準法》第24條:「雇主使勞工於第36條所定休息日工作,工作時間在二小時以內者,其工資按平日每小時工資額另再加給1又1/3以上;工作二小時後再繼續工作者,按平日每小時工資額另再加給1又2/3以上。」

09 早到與晚退算加班嗎？

阿鳳在章董的工廠十年了，目前擔任機械設備操作人員。她的兒子小童在工廠附近的國小上學，放學後小童先到安親班寫功課、補習英文，之後阿鳳再去接小童回家。阿鳳每天送小孩去學校後，七點半就打卡進公司吃早餐、看報紙，等著八點上班。下午五點下班後，阿鳳依然在公司跟同事聊天、逛網拍、聽音樂，接近六點才去安親班接小童，一切都已成日常。幾年後小童升上國中，阿鳳也想著可以在這裡做到退休。

後來章董的工廠為因應智慧製造的趨勢，開始對工廠內的機械設備進行自動化、智慧化、數位化的改造，所有操作員、技術員、技師都需要提升操作技能，並進行一連串的教育訓練及技術評鑑。訓練期間，阿鳳的技術考核成績低落，最後竟然進入了資遣名單。雖然有預告工資、資遣費及失業給付可以領，但想到日後失業，家庭支出就落在老公一人身上，她感到相當恐慌。

阿鳳的堂弟阿成在勞工局擔任勞動檢查員，在聽完阿鳳的敘述後，建議阿鳳以「早到與晚退」的時間，向公司請求

五年的加班費。以阿鳳新臺幣3萬元的月薪而言，五年約可請求31萬2,000元左右。

阿鳳心想，這個金額幾乎要追上她的年薪了。

☆

上述案例中，阿成的建議會不會是危言聳聽呢？

看到這裡，讀者可能會想：「怎麼可能勞工可以用這樣『早到與晚退』的時間，向公司請求加班費？」、「我們公司有加班申請制度，勞工沒有經過申請、沒有讓權責主管核准的加班，一律不發給加班費」、「這個制度還明確公告讓勞工知情，我不相信日常的『早到與晚退』可以請求加班費！」

我們先來看《勞動事件法》第38條：

「出勤紀錄內記載之勞工出勤時間，推定勞工於該時間內經雇主同意而執行職務。」

立法院針對上述法規，提出立法理由如下：

「爰就勞工與雇主間關於工作時間之爭執，明定出勤紀

> 錄內記載之勞工出勤時間，推定勞工於該時間內經雇主同意而執行職務；**雇主如主張該時間內有休息時間或勞工係未經雇主同意而自行於該期間內執行職務等情形，不應列入工作時間計算者，亦得提出勞動契約、工作規則或其他管理資料作為反對之證據，而推翻上述推定**，以合理調整勞工所負舉證責任，謀求勞工與雇主間訴訟上之實質平等。」

也就是說，只要出勤紀錄顯示勞工有來上班，就推定這段時間是經過雇主同意的工作時間，雇主應該支付工資。如果雇主認為某些時間不應計入工作時間，比如說那段時間其實是休息時間，或勞工是未經雇主同意私下加班，可以拿出勞動契約、工作規則或其他管理資料來證明這點。

另外，《勞動事件法》第35條也規定：

> 「勞工請求之事件，雇主就其依法令應備置之文書，有提出之義務。」

這裡再次提到，雇主應主動對勞動事件提出證據文書。

接著我們來看最高行政法院民國108年度第437號判決的判決要旨：

「勞工在正常工作時間外延長工作時間,無論基於雇主明示的意思,或雇主明知或可得而知勞工在其指揮監督下的工作場所延長工作時間提供勞務,卻未制止或為反對的意思而予以受領,應認勞動契約雙方當事人已就延長工時達成合致的意思表示,該等提供勞務時間即屬延長工作時間,雇主負有給付延長工作時間工資的義務,不因雇主採取加班申請制而有所不同。

此外,勞工上、下班的簽到、退或刷卡紀錄,如有與其實際出勤情形不符之處,雇主事後亦負有於核發工資前會同勞工予以及時修正的義務,雇主不得僅以其採取加班申請制,其所屬勞工如未申請加班,即不問該勞工是否確有延長工時的事實,而解免其依法給付延長工時工資的義務。」

這段判決的意思是,如果勞工在正常工時以外仍繼續工作,無論是雇主直接指示,還是雇主知道(或應該要知道)勞工仍在工作場所加班而未阻止,甚至接受了這些勞務,就代表雙方已有「這段時間算是加班」的默契,雇主必須支付加班費。與公司是否採取加班申請制度無關,雇主不能主張勞工沒有申請加班,就不給加班費。另外,如果勞工的打卡紀錄與實際出勤時間有出入,雇主在發薪前有責任向勞工核

對並修正，不能單方面認為員工沒有申請加班，就拒絕支付加班費。

　　從《勞動事件法》第38條及其立法理由，以及上述的最高行政法院判決要旨來看，我們可以得知：勞工在正常工時以外，若依然待在工作場所，需要由雇主提出勞動契約、工作規則等文件，去證明公司關於加班的制度和程序規定。但是其中最重要的「其他管理資料」，反而沒有明說是什麼文件或辦法。因此，筆者建議雇主可以在月底至發薪日前**「會同勞工予以及時修正」**。本書於附錄提供了「工作時間異常單」供讀者運用，可作為每月及時修正「早到與晚退」時間的「其他管理資料」。

　　回到阿鳳的案例，綜上所述，若阿鳳本人堅持她這五年來「早到與晚退」的時間確實是在處理公務，而公司也無法證明阿鳳在這些時間內是在處理私人事務，章董敗訴的可能性就非常高。阿成向阿鳳提出的建議，可望成真。

10 居家工作有在工作嗎？

　　人資小美因為生涯規劃，離開了原本任職的傳統製造業。由於她是本科專業又有多年人資工作經驗，很快就被一間頗具規模的軟體公司聘任為人資主管。小美到職後，詳細評估了公司在新冠疫情期間，為了避免群聚感染而實施的居家工作（work from home）制度。即使疫情已經趨於穩定，但公司仍然維持目前的工作方式。小美發現有些同仁不見得八小時都在工作崗位上，而且她對於同仁提出的加班時數也有疑問。因此她建議公司制定居家工作相關規範，要求同仁每天撰寫工作日誌上傳，並且詳細載明工作時間以及事項，外出值勤和加班申請都必須提出證明。

　　沒想到，新制度實施不到一個月，就有幾位同仁因為不滿遭到「監控」而提出辭呈，這個震盪引起了高層的關切。小美對此感到錯愕，難道她這樣做錯了嗎？

　　新冠疫情期間，有不少公司採行「居家遠距工作」[1]（俗稱居家工作）方式。經濟部在民國110年9月的調查也發現，有近八成的企業在疫情期間實施了居家工作。疫情結束後，許多公司逐漸恢復實體工作方式，但居家工作也成為部

分企業的常態工作方式。對員工來說，居家工作省去了舟車勞頓的交通時間，在家上班無需在意穿著打扮，自家環境也比職場更輕鬆自在。但企業要如何指揮監督居家工作的員工確實執行職務？員工的加班申請要如何核實？公司對於員工的工作成果以及績效的要求，是否會因為居家工作而產生難度呢？

☆

關於居家工作的常見爭議，以下一一說明：

A. 工作時間如何認定？

雇主或許會認為，員工整天待在家，公司無法時時監督，怎麼知道有沒有在上班？

勞工則覺得，我雖然在家，但每天準時上工，兢兢業業、不敢懈怠。

a. 工作時間在《勞基法》中並無明確定義，可解釋為「勞工處於雇主指揮命令下之時間」、「勞工在雇主明示或默示下從事工作之時間」[2]。

b. 居家工作如為勞、雇雙方約定之工作方式，且雙方也同意透過APP線上打卡、工作紀錄、通訊軟體（如LINE）拍照回傳、電腦上線紀錄等方式來記錄出勤，就可以作為勞工工作時間的依據。

B. 薪資可否調整？

　　雇主認為員工在家工作，既然省去了上下班的交通支出，通勤津貼是不是就可以減掉了？
　　勞工則認為自己的工作沒有減少，怎麼可以減少薪資！

a. 工資：雇主調整工資金額或工資結構（計算方式），應經勞工同意，宜以書面為之。如本薪、伙食津貼、主管加給等固定性薪資，不因居家工作而減少。
b. 非工資：勞、資雙方若約定交通津貼、油資補助等科目屬於補助性質，居家工作期間得不發給，若為固定性工資（無論居住地遠近，通勤津貼均相同）仍不能調整[3]。

C. 怎麼打卡？還是可以不用打卡？

　　無論是居家工作、出差還是派駐國外等情形，都會有出

勤紀錄的問題。主管機關勞動檢查時,若雇主無法提供出勤紀錄,會罰款新臺幣9至45萬元[4]。

> a.《勞基法》規定:雇主應置備勞工出勤紀錄,並保存五年。前項出勤紀錄,應逐日記載勞工出勤情形至分鐘為止。因此即使員工是居家工作,依然要具備出勤紀錄[5]。
> b. 居家工作時,無論是APP打卡、通訊軟體拍照回傳、工作日誌還是電腦上線紀錄,只要是足以證明出勤的紀錄,主管機關都能接受,但一定要記錄到分鐘為止,否則會罰款新臺幣2至100萬元[6]。

D.加班能不能申請加班費?

雇主或許會認為,員工居家工作時,人不在公司,難以認定有無加班,所以居家工作不能申請加班費。

勞工則認為,居家工作時在下班時間前才收到主管指令,趕文件超過下班時間,也不能申請嗎?

> a.《勞基法》規定:每日工作時間超過八小時或每週工作總時數超過四十小時之部分,即為延長工作時間。另勞工於《勞動基準法》第36條所定休息日工作之時間

亦同。

b. 所以，居家工作時，若有延長工作之事實且可以證明者，比如主管或雇主以通訊軟體、電話或其他方式使勞工工作，勞工可自行記錄工作的起迄時間，並將對話、通訊紀錄或工作完成的交付紀錄等證明送交雇主，雇主應即補登工作時間紀錄並支付加班費[7]。

E. 居家工作時有私事要處理，或生病要休息，需要請假嗎？

居家工作是企業的工作方式之一，勞工各項假別之申請仍依照《勞基法》、《勞工請假規則》、性平法等規定辦理，不因居家工作而有不同。

隨著時代的演變、資通訊設備發達、少子化、人員招募困難、工作型態彈性化等原因，員工的工作方式更加多元，採行居家工作的企業也越來越多。但實際上對於企業的營運績效影響而言，依據行業特性、公司文化等條件有所差異。若企業採行居家工作，雇主應聚焦在「工作成果」的實現，而非「監控工時」的完整，並且要定期溝通，降低員工產生孤立感的機會。員工方面，應建立規律作息、主動回報進度、爭取工作績效，居家工作也能升遷加薪。企業應增加雙

向溝通掌握居家工作勞工之現況，以及善用工具來降低協作成本。

　　所以，居家工作的實施成效取決於「信任」與「自律」，找到適合勞資雙方的節奏及規則，即使居家工作也能高效運轉喔！

註釋

1. 劉念琪，〈數位時代下居家工作對企業人力資源管理的衝擊及因應〉，《台灣勞工季刊》74期，2023年6月。
2. 劉志鵬，《勞動法解讀》，元照出版，1999年6月1日，第32頁。
3. 《勞動基準法》第21條第1項：「工資由勞雇雙方議定之。但不得低於基本工資。」
4. 《勞動基準法》第79條第2項：「違反第30條第5項或第49條第5項規定者，處新臺幣9萬元以上45萬元以下罰鍰。」
5. 《勞動基準法》第30條第5項：「雇主應置備勞工出勤紀錄，並保存五年。」

　　《勞動基準法》第30條第6項：「前項出勤紀錄，應逐日記載勞工出勤情形至分鐘為止。勞工向雇主申請其出勤紀錄副本或影本時，雇主不得拒絕。」

6. 《勞動基準法》第79條第1項：「有下列各款規定行為之一者，處新臺幣2萬元以上100萬元以下罰鍰：違反第21條第1項、第22條至第25條、第30條第1項至第3項、第6項、第7項、第32條、第34條至第41條、第49條第1項或第59條規定。」
7. 勞動部勞動條3字第1030132207號函釋。

11　月休八天就合法了嗎？

民國90年1月1日起，工時制度由二週九十六小時改為二週八十四小時，也就是俗稱的「隔週休二日制」。到了民國105年1月1日起，工時制度修法改為每週四十小時；若以每天工時八小時計，即達到「週休二日」制度，並且刪除了七天國定假日，改為只紀念不放假。

無奈上有政策，下有對策。因為修法時並未將「每七日應有一日之休息為例假」同步修正，致使部分企業採用每日工作六小時或每日工作七小時的方式來規避「週休二日」，並因此產生民怨。直到民國105年12月21日再次修法，確認了「一例一休」制度，勞工的「週休二日」才正式確立。

在「一例一休」實施後，伴隨政府強力的勞動檢查和媒體的大量宣導，勞工意識逐年抬頭，企業的管理制度亦逐步符合法規。然而，在眾多服務業中，許多勞雇雙方仍以排班方式約定當月的工作時間和休假天數。其中，旅遊業、百貨零售業、餐飲業，由於工作性質，週六和週日不休息、遇到國定假日就調休是常態，導致勞雇雙方都搞不太清楚每個月到底應該休假幾天。「月休四天」薪資3萬3,000元、

「月休六天」薪資3萬1,000元、「月休八天」薪資2萬9,000元⋯⋯這類徵人啟事常在服務業出現，而雇主也自認「我們月休八天喔！」、「我們雖然月休六天、四天，但有給加班費喔！」

如果企業在招募面試時，清楚地向求職者說明上述休假與薪資模式，就算是合法了嗎？

☆

《勞動基準法》在民國73年7月30日公布實施，彼時服務業尚未納入適用之行業，其後逐年擴大納入適用的行業別，餐飲服務業於民國87年12月31日起適用《勞動基準法》。然而餐飲業的工作型態與一般傳統製造業不同：幾乎三百六十五天都開業，不店休；週六、週日、國定假日不休假，勞工休假皆以排休的方式進行，而且工時長，用餐、休息時間也不固定。

許多餐飲業雇主會認為，既然政府規定週休二日，那就「月休八天」吧！於是讓勞工在週六、週日和國定假日以外的日子排休，人手不足時就調整為「月休六天」、「月休四天」，再提高加班費。但是，遇到勞動檢查時，這種模式會被判定為休息日不足、國定假日未給付，並遭裁處罰鍰。

那麼,到底要月休幾天假才算合法?
依據《勞動基準法》第36條第1項:

「勞工每七日中應有二日之休息,其中一日為例假,一日為休息日。」

一年三百六十五天,每七日應有二日休息,其中一日為例假,一日為休息日,一年三百六十五天,除以七之後,會得到52.14天。所以原則上一年會有五十二個例假日、五十二個休息日,共計一百零四日,另外加上國定假日十二日,一年休假總天數原則上為一百一十六日。

故以「月休八天」的制度而言,八天乘以十二個月後得到九十六天,與法律規定的年度休假相比,還差了二十天。若以民國114年的年度應上班天數(及應休假天數,請見表6)來看,若公司採用「月休八天」,則只有2、7、9、12月符合法律規定的應休假天數。其他月份由於法定應休假天數超過八天,休假日都會不足,分別會違反《勞動基準法》第36、37、39條之規定[1]。若遭勞動檢查,至少會被裁罰4萬至200萬元[2]。勞工亦可依照《勞動基準法》第14條1項6款之規定提出「自請資遣」[3],並依法請求雇主給付五年內短放之休息日、例假日、國定假日之工資(以年休假一百一十

表6　民國114年應上班天數／時數

月份	星期六 （休息日）	星期日 （例假日）	國定假日	上班天數 （天）	應上班時數 （小時）
1月	5天	4天	5天 元旦、除夕、春節	31−14=17	136
2月	3天	4天	1天 和平紀念日	28−8=20	160
3月	5天	5天	—	31−10=21	168
4月	4天	4天	2天 兒童節、清明節	30−10=20	160
5月	5天	4天	2天 勞動節、端午節	31−11=20	160
6月	4天	5天	—	30−9=21	168
7月	4天	4天	—	31−8=23	184
8月	5天	5天	—	31−10=21	168
9月	4天	4天	—	30−8=22	176
10月	4天	4天	2天 中秋節、國慶日	31−10=21	168
11月	5天	5天	—	30−10=20	160
12月	4天	4天	—	31−8=23	184

114年度總天數：365天
114年度總休天數：116天
（星期六52天＋星期日52天＋國定假日12天）

114年度應上班天數：249天

114年度應上班時數：1,992小時

備註：
1. 本表係依行政院人事行政總處公布之政府行政機關辦公日曆表所制定。
2. 本表不適用於實施變形工時制度者，惟上班時數仍需符合法定工時之規定。
3. 本表之上班天數係排定以星期六為休息日、星期日為例假日所計算。
4. 不論休息日、例假日是否排定在星期一至五，均可依相同模式計算休假日數。

六日為準：116—96＝20；20×5＝100天）。倘若「月休八天」之制度導致年度休假總天數不足，解決方法如下：

- 依法定休假天數進行排班。
- 不足之休假天數，依法應該給付未休假工資或約定補休。
- 排班人員應釐清當年度每一月份之例、休假日天數，以利合法排班、排休，及計算加班費。

註釋

1. 《勞動基準法》第36條：「勞工每七日中應有二日之休息，其中一日為例假，一日為休息日。雇主有下列情形之一，不受前項規定之限制：一、依第30條第2項規定變更正常工作時間者，勞工每七日中至少應有一日之例假，每二週內之例假及休息日至少應有四日。二、依第30條第3項規定變更正常工作時間者，勞工每七日中至少應有一日之例假，每八週內之例假及休息日至少應有十六日。三、依第30條之1規定變更正常工作時間者，勞工每二週內至少應有二日之例假，每四週內之例假及休息日至少應有八日。雇主使勞工於休息日工作之時間，計入第32條第2項所定延長工作時間總數。但因天災、事變或突發事件，雇

主有使勞工於休息日工作之必要者,其工作時數不受第32條第2項規定之限制。經中央目的事業主管機關同意,且經中央主管機關指定之行業,雇主得將第1項、第2項第1款及第2款所定之例假,於每七日之週期內調整之。前項所定例假之調整,應經工會同意,如事業單位無工會者,經勞資會議同意後,始得為之。雇主僱用勞工人數在三十人以上者,應報當地主管機關備查。」

《勞動基準法》第37條第1項:「內政部所定應放假之紀念日、節日、勞動節及其他中央主管機關指定應放假日,均應休假。」

《勞動基準法》第39條:「第36條所定之例假、休息日、第37條所定之休假及第38條所定之特別休假,工資應由雇主照給。雇主經徵得勞工同意於休假日工作者,工資應加倍發給。因季節性關係有趕工必要,經勞工或工會同意照常工作者,亦同。」

2. 《勞動基準法》第79條第1項:「有下列各款規定行為之一者,處新臺幣2萬元以上100萬元以下罰鍰:一、違反第21條第1項、第22條至第25條、第30條第1項至第3項、第6項、第7項、第32條、第34條至第41條、第49條第1項或第59條規定。」

3. 《勞動基準法》第14條第1項:「有下列情形之一者,勞

工得不經預告終止契約：一、雇主於訂立勞動契約時為虛偽之意思表示，使勞工誤信而有受損害之虞者。二、雇主、雇主家屬、雇主代理人對於勞工，實施暴行或有重大侮辱之行為者。三、契約所訂之工作，對於勞工健康有危害之虞，經通知雇主改善而無效果者。四、雇主、雇主代理人或其他勞工患有法定傳染病，對共同工作之勞工有傳染之虞，且重大危害其健康者。五、雇主不依勞動契約給付工作報酬，或對於按件計酬之勞工不供給充分之工作者。六、雇主違反勞動契約或勞工法令，致有損害勞工權益之虞者。」

12 生理假

　　阿美是社會新鮮人，頂著國立大學畢業的光環，很快就找到薪資待遇跟環境都很優質的工作。阿美滿心歡喜到新公司任職，結果才上班第二週，生理期就來了，還伴隨著經痛、頭痛等不適症狀。阿美擔心影響工作，忍耐到第三天真的受不了想請生理假，又怕公司不准假或扣發全勤獎金，只好硬撐繼續上班，最後撐過了這次週期。但是，這個狀況在下個月以及往後的每個月還會不斷發生。

　　阿美擔心日後生理期會遇到實在撐不住而不得不請假的時候，此時該如何請假？生理假可以請幾天？公司可以不准假嗎？公司可以要求提出請假證明嗎？而從公司的角度來看，生理假可以扣發全勤獎金嗎？生理假又該如何給薪呢？本文就來探討一下。

☆

　　生理假是法律給予女性同胞的保障，讓女性每個月能有因生理期而休息一天的權利。關於生理假所衍生出的權利與

義務,筆者整理出以下的問與答,幫助讀者釐清。

A.生理假每個月可以請幾天?又該如何給薪?

依據《性別平等工作法》第14條:

「女性受僱者因生理日致工作有困難者,每月得請生理假一日,全年請假日數未逾三日,不併入病假計算,其餘日數併入病假計算。
前項併入及不併入病假之生理假薪資,減半發給。」

從上述法規可以明確看到,女性受僱者每個月可以請生理假一天,且雇主應發給半薪。但是,員工若申請普通病假天數過多,雖然不影響一個月申請一天生理假的額度,仍會造成部分生理假成為「無薪生理假」。

也就是說,如果員工在當年的1至6月已經申請二十七天普通病假、六天生理假,雇主共計需給付三十三天之半薪。自7月起,無論員工申請的是普通病假還是生理假,由於已申請的天數超過病假一年三十天半薪,及不併入病假的生理假薪資減半發給三天的上限,雇主都可以不給付薪資。

B. 公司可不可以不准生理假？生理假可以扣發全勤獎金嗎？

依據《性別平等工作法》第21條：

「受僱者依前七條之規定為請求時，雇主不得拒絕。受僱者為前項之請求時，雇主不得視為缺勤而影響其全勤獎金、考績或為其他不利之處分。」

法規內容清楚說明，雇主不得拒絕員工申請的生理假，也不能因此扣全勤獎金。

C. 如果上個月20日請了一天生理假，這個月5日再請一天生理假，公司可以要求提出生理假相關的請假證明嗎？

部分女性員工每個月都會請生理假，有時雇主會因認為請假週期不合理而不願准假。然而法規並未規範女性受僱者申請生理假應遵守生理期週期，如果雇主要求受僱者提出生理假之證明文件才准假，或是另以生理期週期（如二十八天一週期）來推斷員工請假的合理時間，並以此作為准假的基準，都是違法的。

D.雇主違反生理假規定，會被罰錢嗎？

依據《性別平等工作法》第38條：

「雇主違反第21條、第27條第4項或第36條規定者，處新臺幣2萬元以上30萬元以下罰鍰。
有前項規定行為之一者，應公布其姓名或名稱、負責人姓名，並限期令其改善；屆期未改善者，應按次處罰。」

只要雇主拒絕員工申請生理假、未給半薪，或是因為員工申請生理假而扣發全勤獎金，將被處以新臺幣2萬元以上30萬元以下罰鍰，還會被公布公司及負責人的名稱。

總結而言，如果雇主不准許勞工請生理假、因為員工請生理假就扣發獎金（全勤獎金、考績獎金等），或是因此對員工作出不利處分，將有可能被主管機關依法處以新臺幣2萬元以上30萬元以下罰鍰。此外，生理假「每個月得請一日」，並非只能在「每個月固定的日子」申請。所以女性員工如果在月底請一日，次月初再請一日，是合法的。

13 普通傷病假以及扣薪

員工在職期間可能會因為非職災之意外受傷或生病而請假；員工可以請幾天普通傷病假？雇主可以不准假嗎？如果員工請了普通傷病假，雇主該如何給薪？病假期間，如果遇到例假日、休息日、國定假日，應如何給薪？雇主該如何制定請假流程和要求提供證明文件呢？本文就來好好地探討。

☆

有關勞工普通傷病假，依據《勞工請假規則》第4條規定：

「勞工因普通傷害、疾病或生理原因必須治療或休養者，得在左列規定範圍內請普通傷病假：
一、未住院者，一年內合計不得超過三十日。
二、住院者，二年內合計不得超過一年。
三、未住院傷病假與住院傷病假二年內合計不得超過一年。

經醫師診斷,罹患癌症(含原位癌)採門診方式治療或懷孕期間需安胎休養者,其治療或休養期間,併入住院傷病假計算。

普通傷病假一年內未超過三十日部分,工資折半發給,其領有勞工保險普通傷病給付未達工資半數者,由雇主補足之。」

A.勞工可以請幾天普通傷病假?

「普通傷病假」是員工因個人因素導致普通受傷、疾病或生理原因而請假,沒有住院的話,一年可以請三十日。如果住院,或是混雜住院與非住院,二年期間可以請一年。此處要特別注意的是,癌症(含原位癌)採門診方式治療,或懷孕期間需安胎休養者,雖然沒有住院,也以住院的傷病假天數來計算,也就是二年期間可以請一年。

B.員工請普通傷病假,雇主可以不准假嗎?

按照《勞工請假規則》第4條之規定,員工請假天數符合法規規定的情況下,除非有惡意行為,否則雇主不得拒絕員工請假。

C. 請了普通傷病假，雇主應該如何給薪？

依據《勞工請假規則》第4條第3項：

「普通傷病假一年內未超過三十日部分，工資折半發給。（以下略）」

也就是說，在法定天數內請的普通傷病假，雇主應發給半薪。另一個問題是，普通傷病假可不可以扣全勤獎金？分為二種情況：

a. 不能扣
   若雇主約定勞工之基本工資內含全勤獎金，因勞工請事假、病假、遲到、早退而逕行扣除全額之全勤獎金時，將造成剩餘薪資除以三十日之日薪資，未達以基本工資除以三十日之後之日薪資之情形。所以基本工資約定內含全勤獎金時，縱使員工申請普通傷病假時，也不得一次性扣除。

b. 可以扣
   若雇主給予之薪資為基本工資外加全勤獎金，可以在員工到職、雙方約定工資時，說明全勤獎金可以因為勞工

請事假、病假、曠工、遲到、早退而逕行扣除全額，並制定薪資管理辦法，使勞資雙方遵守。

D. 普通傷病假期間，如果遇到例假日、休息日、國定假日，如何給薪？

以月薪資計薪的員工，上班期間遇到例假日、休息日、國定假日時，本來就是放假、有薪資，不會因為申請普通傷病假而改變例假日、休息日、休假日的性質。所以請普通傷病假期間，如果遇到例假日、休息日、國定假日，還是要給付全薪，而且不計入病假天數。若員工連續申請普通傷病假未超過三十日，期間內之例假日、休息日、國定假日仍需給付全薪，且不計入請假天數。連續請假超過三十日時，請假期間的例假日、休息日、國定假日不必給薪。

E. 如何制定員工請假流程、要求普通傷病假之證明文件？

《勞工請假規則》第10條規定：

「勞工請假時，應於事前親自以口頭或書面敘明請假理由及日數。但遇有急病或緊急事故，得委託他人代辦請

假手續。辦理請假手續時，雇主得要求勞工提出有關證明文件。」

所以，雇主可以制定「員工請假管理辦法」，針對勞動法令規定的各種假別可以請假的天數以及是否給薪說清楚。另外，也要制定「請假單位」、「請假證明文件」、「請假簽核流程」。舉例來說，如：申請普通傷病假，以「小時」為申請單位；請假一日內，以醫院或診所收據作為病假證明，二日以上則以醫院的診斷證明書作為證明文件。

F. 普通傷病假天數一年請超過三十日時，要怎麼處理？

如果員工一有小病就申請病假，導致一年內普通傷病假請了超過三十日，甚至連特別休假和事假都請完了，那麼該員工就沒有其他假別可以申請。這種情況下，雇主可以繼續讓員工申請無薪病假，或依照《勞工請假規則》第5條之規定，讓員工申請因病留職停薪，但是雇主也可以不核准員工留職停薪的申請[1]。

人吃五穀雜糧，哪有不生病的。雇主可以透過制定請假流程、表單、績效等方式來管理，以避免因為員工經常請假而影響到工作進行。

註釋

1. 《勞工請假規則》第5條：「勞工普通傷病假超過前條第1項規定之期限，經以事假或特別休假抵充後仍未痊癒者，得予留職停薪。但留職停薪期間以一年為限。」

14 | 二個半月的病假

人吃五穀雜糧，難免會生病。上班族在法定天數內請病假可以拿到半薪，這是法律對勞工的一種保障。但是當遇到大病、癌症、非職災的重大交通意外等情況，恐怕不是請普通傷病假幾天就可以恢復的。

阿丙是章董公司的技術員，年輕時進入公司，身體健康有活力，一年難得請一天假。隨著年齡漸長，身體開始走下坡，偶而會請幾天病假。近年來身體狀況每況愈下，請病假的次數越來越多。

人資小美剛到職時，也曾對同仁申請普通病假的薪資計算方式感到混亂。比如說，請了半天病假，薪資怎麼算？從上個週五請病假到這個週一，中間遇到的週六跟週日，薪資要計發嗎？請病假一天跟二天，需要檢附的證明文件一樣嗎？因為到醫院看診，先透過電話請病假，回來上班時要如何辦理請假程序？員工週六到公司加班一小時後因身體不適請病假，後面七小時加班費要不要給？請病假可不可以扣全勤獎金？請病假時哪些薪資科目要發、哪些可以不發？小美透過Google、洽詢主管機關、找顧問諮詢，費了好一番工

夫去找答案。今年阿丙的特休已經請完,然而,由於病情需要,將住院十日進行手術。包含住院和返家療養的時間,預計從民國113年11月開始,到民國114年1月16日為止,共要請二個半月的病假。這下又難倒小美了,阿丙的薪資到底該怎麼計算呢?

☆

依據《勞動基準法》第43條:

「勞工因婚、喪、疾病或其他正當事由得請假;請假應給之假期及事假以外期間內工資給付之最低標準,由中央主管機關定之。」

於是主管機關制定了《勞工請假規則》作為依據。
我們接著來看《勞工請假規則》第4條:

「勞工因普通傷害、疾病或生理原因必須治療或休養者,得在左列規定範圍內請普通傷病假:
一、未住院者,一年內合計不得超過三十日。
二、住院者,二年內合計不得超過一年。

三、未住院傷病假與住院傷病假二年內合計不得超過一年。

經醫師診斷，罹患癌症（含原位癌）採門診方式治療或懷孕期間需安胎休養者，其治療或休養期間，併入住院傷病假計算。

普通傷病假一年內未超過三十日部分，工資折半發給，其領有勞工保險普通傷病給付未達工資半數者，由雇主補足之。」

上述法規，就是普通傷病假的請假、給薪之依據。

假設阿丙在公司的月薪資是新臺幣（下同）3萬6,000元，日薪資為36,000÷30 ＝ 1,200元，故請病假一日時，公司需給付一日之半薪600元。

若是從上週五請病假到隔週週一，中間週六、週日的薪資，要發放嗎？答案是：要看員工是月薪制還是日薪制。月薪制的員工，依據《勞動基準法》第36條，每七天有二天休息，一日為例假日，一日為休息日，所以週六、週日還是要發放全薪。若是日薪制員工，一日薪資中已含例假日及休息日之薪資，因此如果週六、週日未出勤，就可以不給薪。

但是，本次阿丙的請假狀況非常特殊，涉及範圍相當廣泛。以下就來說明阿丙的案例中，到底要解決哪些問題。

A. 勞工住院十日，可以依照《勞工保險條例》第33條、第35條之規定，申請普通傷病給付七日（住院第四天起給付投保薪資50%）

阿丙每月薪資3萬6,000元，投保薪資則為一個月3萬6,300元。請普通病假住院十日，勞保局自第四天起給付金額為36,300÷30×0.5×7＝4,235元。

B. 普通傷病假一年內未超過三十日部分，工資折半發給，其領有勞工保險普通傷病給付未達工資半數者，由雇主補足之[1]。11、12、1月份的病假薪資，應給付金額分別試算如下（以下休息日、例假日天數僅為舉例，讀者若有需要，仍需依照實際天數計算）：

 a. 11月：休息日四天、例假日五天、工作日二十一天（暫不計入勞保傷病給付）
  36,000÷30×0.5×21＝12,600元
  36,000÷30×9＝10,800元
  12,600＋10,800＝23,400元
 b. 12月：休息日二天、例假日一天、工作日九天（阿丙的普通傷病假至12月12日即請滿三十天）

$36,000 \div 30 \times 0.5 \times 9 = 5,400$ 元

$36,000 \div 30 \times 3 = 3,600$ 元

$5,400 + 3,600 = 9,000$

由於連續請普通傷病假三十日以上者,超過三十日後例假日、休息日、國定假日不計薪併計入請假之天數內,故從 12 月 13 日開始到 12 月 31 日為止,都是無薪的普通傷病假。

c. 1 月:休息日二天、例假日二天、國定假日一天、工作日十天(新年度開始,重新計算普通傷病假之法定額度)

$36,000 \div 30 \times 0.5 \times 10 = 6,000$ 元

$36,000 \div 30 \times 5 = 6,000$ 元

$6,000 + 6,000 = 12,000$ 元

連續申請普通傷病假若有跨年度,新年度開始後普通傷病假可領半薪的三十日額度就會重新計算。阿丙請病假二個半月,公司在扣除勞保局傷病給付後,應給付金額如下:

- 11 月:2 萬 3,400 元
- 12 月:9,000 元
- 1 月:1 萬 2,000 元

- 扣除勞保給付4,235元後,總額為4萬165元。

C. 員工之普通傷病假、特別休假、事假之天數都已經申請完畢時,雇主可以不准假。若員工未出勤,公司得記曠工處分,**但應事先規定於工作規則中。**

D. 公司投保團體意外保險,對於員工自發性疾病(如:心臟病、癌症、中風等)通常沒有給付。

綜上所述,普通傷病假不是只有請假一天給半薪的問題而已,還要面面俱到地注意休息日、例假日、國定假日等細節,才不會因錯誤給付而違法。

註釋

1. 《勞工請假規則》第4條第1項:「勞工因普通傷害、疾病或生理原因必須治療或休養者,得在左列規定範圍內請普通傷病假:一、未住院者,一年內合計不得超過三十日。二、住院者,二年內合計不得超過一年。三、未住院傷病假與住院傷病假二年內合計不得超過一年。」

15 有薪假之婚假

　　勞動法令中有各種有薪假，包含：普通傷病假、公傷假、婚假、喪假、生理假、產假等，本文就要來談談婚假。婚姻是人生大事，婚假放八日似乎也不為過。不過，如果同一對新人，結婚、離婚後再次結婚，還可以再向公司請婚假嗎？依照法律規定，公司應該要准假嗎？我們先來看以下案例：

　　這天是農民曆上的黃道吉日，年屆四十的阿明歡天喜地與交往半年的阿美結婚。婚宴當晚，總經理帶領公司全體同仁出席，場面十分熱鬧。這對新人站在台上舉杯、接受與會者的祝福，臉上洋溢著甜蜜與幸福。婚宴隔天，阿明就向公司請了八天婚假，帶著阿美飛到浪漫的夏威夷去度蜜月，羨煞一堆單身的親朋好友。

　　八天假期很快地過去，阿明銷假上班後卻悶悶不樂，絲毫不見婚禮當天神采奕奕的樣子。同事們禁不住好奇，一問之下才知道，原來是因為阿美在機場免稅店想再買一個名牌包，節儉的阿明卻認為阿美只是上班族，不應衝動購買負擔不起的名牌，二人於是吵了起來。阿美認為才剛結婚，阿明

就露出吝嗇的本性,連一個2、3萬的包包都捨不得買給自己,雙方吵得不可開交,於是阿美一回國就收拾行李搬回了娘家。

經過二個月的冷戰,阿明與阿美開始覺得,交往不久就結婚似乎太過倉促。他們還不夠了解彼此,未來要怎麼相處?於是二人協議離婚,恢復自由之身。不過他們仍與彼此保持聯繫,經常關心對方的近況。

這天,阿美出了車禍。阿明第一時間接獲通知,毫不猶豫地趕去醫院照顧阿美。幾天的朝夕相處加深了他們對彼此的了解,除了覺得應該有個伴、互相照應,也覺得當時的爭吵太幼稚。於是阿美出院後,二人便前往戶政事務所辦理結婚登記,並再次宴請親朋好友來見證他們的愛情。婚後第二天,阿明再次向公司請八天婚假,說要帶阿美去加拿大度蜜月。此時問題就來了:幾個月前阿明跟阿美「第一次」結婚時,就已經請過婚假。未超過一年的「再婚」,還可以請婚假嗎?公司一定要准假嗎?

☆

依據《勞工請假規則》第2條:

「勞工結婚者給予婚假八日,工資照給。」

重點在「勞工」、「結婚」、「婚假八日」、「工資照給」。只要勞工結婚確認為真實,那麼他就擁有休婚假八天的權利,而且老闆要支付這八天的薪資。所以阿明雖然是「再婚」,依然屬於結婚,還是享有法律賦予的八日婚假。

我們再來看看其他工作者。包括未成年的工讀生、臨時工、計件工、定期契約工、派遣勞工、新進員工等,只要是在職期間結婚,不論工作時數、工作期間長短、工作內容,只要勞雇雙方存在聘僱關係,勞工就享有八日婚假。

不過此處提供一個濫用婚假的案例,供讀者參考。

某銀行員工,初次結婚時請了婚假,公司准假。然而後續該員工又在短短三十七日內與同一對象不斷離婚、結婚,藉此重複向公司申請了四次婚假,共三十二日。公司不准假,竟因此遭當地勞動機關裁罰2萬元。此項裁罰最後經過訴願,遭到撤銷[1]。

只要符合資格,不論勞工的身分或工作條件,都可以取得法律賦予的權利。但是如果未能本於誠實信用原則而濫用權利,依然會遭到禁止[2]。

註釋

1. 今周刊，〈傻眼！行員37天內結婚4次請32天婚假，銀行不准假遭罰〉，2021年4月12日。
2. 《民法》第148條第2項：「行使權利，履行義務，應依誠實及信用方法。」

16 有薪假之「繼祖母」過世了

　　阿財的繼祖母過世了，他依照《勞工請假規則》，向公司申請喪假六日。人資小美隨後收到訃文以及請假單，確認主管已經簽核、一切請假程序都沒有問題。不過當她準備將文件歸檔時，順手查了《勞工請假規則》、公司的工作規則和員工請假辦法，發現喪假規定中，只有「祖父母」過世才給喪假六日，並不包含「繼祖母」。幾經思考，小美決定向阿財說明：「由於『繼祖母』不在喪假所規範的親屬內，無法准許這次喪假申請，只能請事假或是特別休假。」

　　阿財認為既然主管已經簽核、其餘程序也沒有問題，而且「繼祖母」是祖父合法再婚的妻子，他們一起生活了幾十年，對家人來說就和親祖母一樣，遑論繼祖母有辦理手續收養阿財的父親，為什麼不能請喪假？小美解釋說：「因為『繼祖母』不是『真祖母』，依照規定不能請喪假。」阿財說：「可是『繼祖母』當年有收養我爸爸，在法律上不就等同於『真祖母』了嗎？」

☆

之所以會有「繼祖母」，可能是基於二種狀況：一是父親再婚，結婚對象為繼母，而繼母的母親就是「繼祖母」；二是祖父再婚，結婚對象即為「繼祖母」。阿財與「繼祖母」的關係，是基於祖父再婚的婚姻，雙方屬於姻親。所以人資小美說阿財的「繼祖母」不是「真祖母」，因為僅是姻親而不能請喪假，這點原則上並沒有錯。但是，阿財說「繼祖母有收養我爸爸」，此時狀況就不太一樣了。「收養」指的是「經過一定法律程序，讓沒有直系血緣關係的雙方建立親子關係」。而收養關係一旦成立，除非法律另有規定，否則養子女和養父母，以及養父母親屬間的關係就等同於親生子女[1]。所以阿財的「繼祖母」在法律上就是「真祖母」，他的喪假是可以成立的。

而小美所依據的法規，則是《勞工請假規則》第3條：

「勞工喪假依左列規定：
一、父母、養父母、繼父母、配偶喪亡者，給予喪假八日，工資照給。
二、祖父母、子女、配偶之父母、配偶之養父母或繼父母喪亡者，給予喪假六日，工資照給。
三、曾祖父母、兄弟姊妹、配偶之祖父母喪亡者，給予喪假三日，工資照給。」

不過，除了上述案例外，喪假還會延伸出許多問題。比如，阿財在百日內喪假未休完，公司需要給付沒有休完的喪假工資嗎？如果阿財請喪假三日，卻在臉書打卡花東三日遊，事後公司可以駁回阿財的喪假嗎？或是阿財在到職三日前祖母過世，到職後可以請喪假嗎？或是阿財的祖父母同一天過世，可以請幾天喪假？這就是勞動法令複雜之處，個案狀況變化莫測。

最後，另外提供收養相關規定，供讀者參考[2]。

A.收養兒童、少年的強制媒合制度

a. 我國的收養制度，是為了幫失依兒童找到合適的父母，而不是讓父母挑一個小孩來養。小孩不是商品，不能任人挑挑揀揀。所以一定要委託收出養媒合服務者代為媒合，並接受其訪視調查、評估及輔導，才能進行後續的收養程序，未經媒合向法院聲請認可收養，法院會要求補正。

b. 除非有下列情形，才可以直接向法院聲請認可收養：
   (a) 配偶收養他方子女（如張三與李四結婚，張三收養李四之前所生的小孩）。
   (b) 旁系血親六親等以內、旁系姻親五親等以內，輩分

相當者（即不可以收養同輩或長輩）。

B. 成年收養

   a. 依我國《民法》規定，收養人與被收養人應訂立書面契約，並得父母同意，經法院裁定認可。被收養人的年齡，法律並無特別限制，僅規定收養人必須大於被收養人二十歲以上，所以成年人也可以被收養。
   b. 成年人的收養，不必再經過收養媒合機構，由收養人與被收養人雙方合意並自行向法院提出聲請即可。

C. 收養注意事項

   a. 要有收養的合意。
   b. 收養人必須比被收養人大二十歲以上，但夫妻共同收養時，夫妻一方比被收養人大二十歲以上，而他方僅比被收養人大十六歲以上，也可以收養。夫妻一方收養他方的子女時，應該比被收養人大十六歲以上。
   c. 夫妻收養子女時，應該共同收養。但如果是夫妻一方收養他方的子女、夫妻一方不能為意思表示或生死不明已超過三年，可以不共同收養。

d. 未成年人被收養時，應該得到他父母的同意。但父母之一方或雙方對子女未盡保護教養義務或有其他顯然不利子女的情事而拒絕同意、父母之一方或雙方事實上不能為意思表示時，不在此限。

e. 收養人不可以收養自己的直系血親、直系姻親、旁系血親在六親等以內及旁系姻親在五親等以內輩分不相當的人（禁止近親收養）。

另外，除夫妻共同收養外，一個人不可以同時當二個人的養子女。例如小明被大頭收養後，就不能再被張三收養。

註釋

1. 《民法》第1077條第1項：「養子女與養父母及其親屬間之關係，除法律另有規定外，與婚生子女同。」
2. 司法院全球資訊網，https://www.judicial.gov.tw/tw/cp-106-58172-0feb0-1.html，查詢時間：2025年3月4日。

17　過年連假放不完，加班怎麼算？

連續假日是上班族的小確幸，而政府若是因應國定假日的落點，由人事行政總處進行便民的調假，雖然事後需要補班，但所帶來的連續假日也能讓民眾將休假天數極大化運用。

一般上班族可以彈性運用假期，但餐飲業、旅遊業、交通業、服務業等行業，好不容易在疫情過後可以快速恢復生機，而且連續假日正是這些行業的熱點，所以排班、調假、加班、輪休、調班、請假、部分工時人員上班、加班費率等問題，讓在餐廳擔任會計的阿菊感到頭疼。這一堆連續假日的薪資，到底該怎麼計算？

☆

以民國114年連續九天的春節假期為例。這段期間，並非每一天都是國定假日，連續假日中包括休息日、例假日、國定假日、調班日，所以這段期間上班的薪資，會有多種給付方式。

正常日加班,依據《勞動基準法》第24條:

「雇主延長勞工工作時間者,其延長工作時間之工資,依下列標準加給:
一、延長工作時間在二小時以內者,按平日每小時工資額加給1/3以上。
二、再延長工作時間在二小時以內者,按平日每小時工資額加給2/3以上。
三、依第32條第4項規定,延長工作時間者,按平日每小時工資額加倍發給。
雇主使勞工於第36條所定休息日工作,工作時間在二小時以內者,其工資按平日每小時工資額另再加給1又1/3以上;工作二小時後再繼續工作者,按平日每小時工資額另再加給1又2/3以上。」

休假日加班,依據《勞動基準法》第39條:

「第36條所定之例假、休息日、第37條所定之休假及第38條所定之特別休假,工資應由雇主照給。雇主經徵得勞工同意於休假日工作者,工資應加倍發給。因季節性關係有趕工必要,經勞工或工會同意照常工作者,亦同。」

以下整理不同加班費率,供讀者參考。

A. 加班費計算範例

請見本書第2章第7篇的表5「加班費計算示範表」。

B. 連續假日加班費範例

從表5「加班費計算示範表」可以看到,連續假日不是只有一種給薪方式而已。此處將民國114年1月25日至民國114年2月2日止,九天春節假期的放假性質,整理成表7。從表7我們可以看到:1月25日、1月27日和2月1日為休息日;1月26日和2月2日為例假日;1月28日、1月29日、1月30日和1月31日則為國定假日。

若有一員工月全薪3萬8,000元,於1月27日、1月28日和1月29日每日出勤八小時,加班費試算如下(為避免少給,加班費計算皆採無條件進位):

- 38000 ÷ 30 ÷ 8 = 158.34元。
- 1月27日為休息日,出勤八小時,以休息日加班費計算:工作時間在二小時以內者,按平日每小時工

資額另再加給1又1/3以上、工作2小時後再繼續工作者，按平日每小時工資額另再加給1又2/3，為 $158.34 \times 1.34 \times 2 + 158.34 \times 1.67 \times 6 = 2,011$ 元。
- 1月28日和1月29日為國定假日，各出勤八小時，以國定假日加班費再加發一日工資計算，為 $38,000 \div 30 \times 2 = 2,534$ 元。
- 綜上所述，春節期間該員工共可領取 $2,011 + 2,534 = 4,545$ 元加班費。

表7　一般上班族春節連假之假期性質

日期假別	1月25日（六）	1月26日（日）	1月27日（一）	1月28日（二）	1月29日（三）	1月30日（四）	1月31日（五）	2月1日（六）	2月2日（日）
休息日	✓		2月8日調假					✓	
例假日		✓							✓
工作日									
國定假日				除夕	初一	初二	初三		

備註：
1. 本表以人事行政總處行事曆為範本，但其中之排班、調假不適用於部分工作時間工作者、餐飲業、服務業、長照業或三班制科技業等工作者，無法如表7之方式正常休假時，即針對休假不足之天數、加班種類，依據表5進行加班費之給付，或經由勞、資雙方協商採補休之方式處理，然而補休之日期必須明確。

C.部分工時工作者加班費範例

部分工時工作者,通常扮演服務業在連續假日尖峰時段的救火隊,在表8所示之春節連續休假日中出勤工作八小時,薪資計算模式供參考(以每小時190元計算)。

表8 部分工時工作者春節連假薪資計算方式

日期 假別	1月 25日 (六)	1月 26日 (日)	1月 27日 (一)	1月 28日 (二)	1月 29日 (三)	1月 30日 (四)	1月 31日 (五)	2月 1日 (六)	2月 2日 (日)
休息日									
例假日									
工作日	190×8	190×8	190×8					190×8	190×8
國定 假日				除夕 190×8×2	初一 190×8×2	初二 190×8×2	初三 190×8×2		

備註:
1. 部分工時工作者不適用四週變形工時,若連續工作七天,其中一天即為休息日,第七天即為例假日,除夕、初一、初二、初三即為國定假日,不能約定調假,故部分工時工作者連續工作七天即屬違法。
2. 部分工時工作者之時薪資,以民國114年之基本工資一小時190元為準。

18 勞工申請留職停薪，雇主可以不准嗎？

　　留職停薪（簡稱留停），顧名思義就是勞工在特定期間內由於未提供勞務，雇主便停止發給薪資，不過依然保留勞工的職位。

　　懷孕五個月的小倩，在新冠疫情每日確診人數破萬的嚴峻時期，仍然天天通勤上下班，早晚都與不同族群接觸。在看到其他孕婦因為確診重症造成一屍二命的新聞後，小倩決定向公司申請留職停薪，理由是「懼怕確診」。人資小美看到留職停薪申請書後，感到十分頭大。公司可以不准小倩的申請嗎？如果核准了申請，要如何投保勞健保以及提繳勞退6%？是否可以退保？本文就來一一說明。

☆

A.留職停薪的種類

　　目前勞工依法可以申請留職停薪的情況，包括「育

嬰」、「普通傷病」、「收養留停」、「兵役留停」等，其他狀況則多是雇主和勞工之間自行約定的「個人因素留停」。說明如下：

a.「育嬰」留停
    小孩三歲以前夫妻雙方都可以申請，公司不得拒絕。
    依據《性別平等工作法》第16條第1項：

「受僱者任職滿六個月後，於每一子女滿三歲前，得申請育嬰留職停薪，期間至該子女滿三歲止，但不得逾二年。同時撫育子女二人以上者，其育嬰留職停薪期間應合併計算，最長以最幼子女受撫育二年為限。」

b.「收養事件」留停
    比照育嬰留停，公司不得拒絕。
    依據《性別平等工作法》第16條第3項：

「依家事事件法、兒童及少年福利與權益保障法相關規定與收養兒童先行共同生活之受僱者，其共同生活期間得依第1項規定申請育嬰留職停薪。」

c. 「普通傷病」留停

比如勞工生病一直沒有痊癒,而病假、事假、特別休假也都申請完畢時,可以申請一年的「普通傷病」留停,但是當勞工申請時公司得拒絕。

《勞工請假規則》第5條:

「勞工普通傷病假超過前條第1項規定之期限,經以事假或特別休假抵充後仍未痊癒者,得予留職停薪。但留職停薪期間以一年為限。」

d. 「兵役」留停

員工因服兵役而申請留停,公司不得拒絕。

《兵役法》第44條第1項第1款:

「在營服役或接受常備兵役軍事訓練期間,學生保留學籍,職工保留底缺年資。」

e. 「個人因素」留停

如照顧生病的家人、留學進修、待產(非安胎假)等,公司得拒絕。

依據《民法》第153條:

「當事人互相表示意思一致者，無論其為明示或默示，契約即為成立。」

從上述留停的分類來看，小倩以「懼怕確診」為由向公司申請留職停薪，屬於「個人因素」留停，公司可以拒絕。

B. 留職停薪的投保：留職停薪期間，勞工得否繼續加保？還有勞退6%嗎？

a.「育嬰」留停
勞工的勞、健保可以繼續投保，不過留停期間雇主不必負擔保費。
依據《性別平等工作法》第16條第2項：

「受僱者於育嬰留職停薪期間，得繼續參加原有之社會保險（即勞保、健保），原由雇主負擔之保險費，免予繳納；原由受僱者負擔之保險費，得遞延三年繳納。」

b.「收養事件」留停
依據《性別平等工作法》第16條第3項：

「依家事事件法、兒童及少年福利與權益保障法相關規定與收養兒童先行共同生活之受僱者，其共同生活期間得依第1項規定申請育嬰留職停薪。」

所以此項留停會同前一項規定處理。

c.「普通傷病」留停

取得公司同意後，員工必須出具「醫院診斷證明書」才能申辦，申請後勞工可以選擇勞保是否加保（雇主不得拒絕）；健保則必須經雇主同意，才能加保。

依據《勞工保險條例》第9條第1項第3款：

「被保險人有左列情形之一者，得繼續參加勞工保險：……三、因傷病請假致留職停薪，普通傷病未超過一年，職業災害未超過二年者。（以下略）」

d.「兵役」留停

當兵期間可以續保勞保，健保則在部隊投保。

《勞工保險條例》第9條第1項第1款：

「被保險人有左列情形之一者，得繼續參加勞工保險：一、應徵召服兵役者。（以下略）」

員工因兵役留停申請投保時，雇主不得拒絕。
e.「個人因素」留停
勞保退保，健保需雇主同意才能投保。
此類留職停薪，勞保部分無法律依據[1]，會被勞保局要求退保，不過健保在雇主同意的情況下，可以繼續投保。
依據《全民健康保險法施行細則》第19條第1項：

「本法第10條第1項第1款第1目至第3目之被保險人，因故留職停薪者，經徵得原投保單位之同意，得由原投保單位以原投保金額等級繼續投保；被保險人應自付之保險費，按月向其投保單位繳納，投保單位連同其應負擔部分彙繳保險人。」

至於勞退6%，由於留停期間勞工並未領取薪資，故依《勞工退休金條例》第20條，應於七日內申報停繳。
留職停薪的種類繁多、規定各異，請依照不同申請理由，進行審核與比較。

註釋

1. 有勞動法專家認為，《勞工保險條例》第9條明確列舉留職停薪得繼續加保之項目，但並未說明非列舉項目必須退保，且留職停薪期間，勞工仍保留職務，屬於在職但未服勞務之狀態，與解僱、離職等不同。勞工投保應為憲法保障之權利，主管機關辦退保需有法律依據或法律明確授權之命令，方得為之。若勞保局無法律依據或法律明確授權之命令時，不得將此類留職停薪勞工退保。

19 勞工發生職業災害，雇主的責任是什麼？

阿勇是一位營造工人，當他在較偏遠的工地上工時，由於主管不太會來檢查，因此常會帶酒精性飲料上班。跟幾個同仁在午餐休息時間小酌幾杯，感到非常快樂。

某天下午，阿勇必須登上鷹架工作，卻因午餐時間喝了啤酒而略帶酒意，在爬上鷹架後忘記繫上安全索，不慎踩空自三樓墜落。經同事送醫急救，阿勇在加護病房待了幾天才從鬼門關前搶回一命。

阿勇的老闆認為，阿勇之所以會從高空墜落，是因為他不遵守工地現場不得飲酒及必須配戴安全索的規定，他私自帶酒來上班，還跟同仁在午休時間暢飲。這是勞工自己的過失，雇主應該沒有責任吧？

☆

當工作場所發生事故，第一要務當然是送醫治療，以及通報勞檢所。不過隨之而來的責任歸屬要如何釐清、衍生的

問題該如何處理，也是讓人頭痛。上述阿勇的案例，會產生二個問題：第一，阿勇因個人過失導致工作時自高空墜落，是否屬於職業災害？第二，如果屬於職業災害，雇主要負擔什麼責任？

我們先來看看職業災害相關法條。

發生職災時，雇主要負擔的補償責任，依據《勞動基準法》第59條：

「勞工因遭遇職業災害而致死亡、失能、傷害或疾病時，雇主應依下列規定予以補償。但如同一事故，依勞工保險條例或其他法令規定，已由雇主支付費用補償者，雇主得予以抵充之：

一、勞工受傷或罹患職業病時，雇主應補償其必需之醫療費用。職業病之種類及其醫療範圍，依勞工保險條例有關之規定。

二、勞工在醫療中不能工作時，雇主應按其原領工資數額予以補償。但醫療期間屆滿二年仍未能痊癒，經指定之醫院診斷，審定為喪失原有工作能力，且不合第3款之失能給付標準者，雇主得一次給付四十個月之平均工資後，免除此項工資補償責任。

三、勞工經治療終止後，經指定之醫院診斷，審定其遺

> 存障害者,雇主應按其平均工資及其失能程度,一次給予失能補償。失能補償標準,依勞工保險條例有關之規定。
>
> 四、勞工遭遇職業傷害或罹患職業病而死亡時,雇主除給與五個月平均工資之喪葬費外,並應一次給與其遺屬四十個月平均工資之死亡補償。(以下略)」

前述法規明確列出勞工遭遇職業災害後,雇主應負擔之補償責任。但「因勞工過失而導致的事故,是否不屬於職業災害」,則未著墨。

再來看《職業安全衛生法》第2條第5款:

> 「本法用詞,定義如下:⋯⋯
>
> 五、職業災害:指因勞動場所之建築物、機械、設備、原料、材料、化學品、氣體、蒸氣、粉塵等或作業活動及其他職業上原因引起之工作者疾病、傷害、失能或死亡。」

這條法規就比較明確地說明了職業災害的定義,但是因為勞工過失而導致受傷,是否同樣為職業災害,也沒有很明確地說明。

依據臺灣高等法院高雄分院民國94年度勞上易字第17號判決，職業災害屬於「無過失責任」。節錄判決如下：

「……故若勞工之疾病、傷害、殘廢或死亡，係於執行職務過程中，或從事與執行職務相牽連之行為中所發生者，即屬職業災害，至於其發生之原因事實是否另有其他應負責任之第三人，則非所問，亦非雇主得據以抗辯不負責任之事由。」

也就是說，如果勞工因為工作而導致生病、受傷、殘廢或死亡，無論是直接在工作時發生，還是從事與工作有關的事情時發生，都算是職業災害。不管這起事件是否還有其他需要負責的第三方，雇主都不能因此推卸應負擔的責任。

至於為何職業災害屬於「無過失責任」？來看看最高法院民國95年度台上字第2542號判決：

「……且按職業災害補償乃對受到『與工作有關傷害』之受僱人，提供及時有效之薪資利益、醫療照顧及勞動力重建措施之制度，使受僱人及受其扶養之家屬不致陷入貧困之境，造成社會問題，其宗旨非在對違反義務、具有故意過失之雇主加以制裁或課以責任，而係維護勞

> 動者及其家屬之生存權,並保存或重建個人及社會之勞動力,是以職業災害補償制度之特質係採無過失責任主義,凡雇主對於業務上災害之發生,**不問其主觀上有無故意過失,皆應負補償之責任,受僱人縱使與有過失,亦不減損其應有之權利。**」

這段判決主要在解釋,「職災補償」是為了讓因工作受傷的勞工,能夠及時獲得薪資補助、醫療照顧和職業重建,避免勞工及其家人因無法工作獲得薪資而陷入貧困,進而引發社會問題。這個制度並不是為了懲罰或追究雇主的責任,而是保障勞工及其家庭的生存權,並幫助勞工恢復工作能力。因此,職災補償採取「無過失責任」原則,不管雇主有沒有過失,只要勞工發生職災,雇主就必須負責補償。

另外,即使勞工本身也有部分過失,依然可以獲得應有的職災補償,不會因過失而被扣減權益。

針對職業災害相關法律規範,筆者總結如下:

A. 職業災害(不包括上下班途中之交通事件)為無過失責任,不會因勞工之職業災害係自身責任造成而免除雇主之職災補償責任。

B. 發生職業災害時，雇主的補償責任：

　a. 醫療補償：必須醫療費用。
　b. 工資補償：職災醫療期間之原領工資（原來正常工作時間所得薪資）。
　c. 失能補償：勞工因職業災害造成失能之補償（俗稱的殘廢給付）。
　d. 死亡補償：五個月平均工資之喪葬費外，給付遺屬四十個月平均工資之死亡補償。

C. 依《勞工保險條例》或其他法令規定，已由雇主支付費用補償者，雇主得予以抵充職業災害補償責任（包括勞保給付、團體保險給付等均可抵充職災的雇主補償、賠償責任）。

D. 結論：縱使阿勇因自身過失導致在工作場合發生事故，雇主依舊要負擔職災補償責任。

20 上下班途中出車禍，是職業災害嗎？

　　上下班途中發生車禍受傷，是職業災害嗎？相信很多讀者會下意識地認為，這當然屬於職業災害。不過這個問題其實困擾著很多的企業和勞工，甚至勞工局、勞保局和法院。因為這個問題涉及太多的情境組合以及主客觀因素，進而影響最後的結果。因此，有可能屬於職災、也有可能不是。

　　阿文經營一家麵包店，僱用了六、七名員工。為了節省成本，阿文並未聘請專職的會計人員。某一次，有位新進的部分工時人員（俗稱PT）阿菊來報到上班，當時阿文忙得昏天暗地，忘了為她投保。某天下午五點下班時間過後，阿菊跟同事繼續聊天、吃零食，直到七點才回家。沒想到，阿菊在回家路上發生致命車禍，送醫前就已經死亡。而當阿菊的家屬要求公司向勞保局申請職業災害死亡補償時，阿文嚇壞了，因為他這時才發現，自己竟然沒有幫阿菊投保！

☆

任何人都不樂見交通意外發生，但發生之後，該如何釐清責任歸屬並且解決問題，才是最重要的。上述阿菊的案例，會產生二個問題：第一，阿菊下班後在回家途中遭遇車禍死亡，是否屬於職業災害？第二，如果屬於職業災害，公司該如何賠償？若不屬於職業災害，公司是否仍有賠償責任？

要釐清上述疑問，我們來看看法規怎麼說。

《勞動基準法》對於「職業災害」並無明確的定義，故依據《職業安全衛生法》第2條第1項第5款：

> 「本法用詞，定義如下：……五、職業災害：指因勞動場所之建築物、機械、設備、原料、材料、化學品、氣體、蒸氣、粉塵等或作業活動及其他職業上原因引起之工作者疾病、傷害、失能或死亡。」

前述法規針對職業災害提出較明確的定義，然而並未說明上下班途中之車禍事件是否屬於職業災害。

再來看《勞工職業災害保險職業傷病審查準則》第4條第1項：

> 「被保險人上、下班，於適當時間，從日常居、住處所

往返就業場所,或因從事二份以上工作而往返於就業場所間之應經途中發生事故而致之傷害,視為職業傷害。」

這項法規明確地將勞工從日常居、住處所往返就業場所,於適當時間、適當地點發生事故所導致的傷害,視為職業傷害。

至於什麼樣的情況下,即使是通勤途中發生意外,也不會被視為職業傷害呢?來看《勞工職業災害保險職業傷病審查準則》第17條:

「被保險人於第4條、第9條、第10條、第15條及第16條之規定而有下列情事之一者,不得視為職業傷害:
一、非日常生活所必需之私人行為。
二、未領有駕駛車種之駕駛執照駕車。
三、受吊扣期間或吊銷駕駛執照處分駕車。
四、經有燈光號誌管制之交岔路口違規闖紅燈。
五、闖越鐵路平交道。
六、酒精濃度超過規定標準、吸食毒品、迷幻藥或管制藥品駕駛車輛。
七、駕駛車輛違規行駛高速公路路肩。

八、駕駛車輛不按遵行之方向行駛或在道路上競駛、競技、蛇行或以其他危險方式駕駛車輛。

九、駕駛車輛不依規定駛入來車道。」

依照上述規定，阿菊在五點下班後並沒有直接回家，而是與同事聊天直到七點才離開公司，之後在回家路上發生車禍死亡。雖然發生事故的地點吻合「通勤途中」，但是並不符合「適當時間」的要件，所以不得視為職業傷害。

不過，阿文並不是因此就沒有責任了喔。他的麵包店員工數已經超過五人，屬於《勞工保險條例》第6條規定的強制投保單位。而由於他並未幫阿菊投保，被保險人阿菊死亡時，他的家屬無法依據《勞工保險條例》第63條、第63-2條的規定，領取喪葬津貼、遺屬年金、遺屬津貼[1]，所以家屬可以依據《勞工保險條例》第72條，向公司請求賠償[2]。

不過，如果員工數低於五人，就屬於《勞工保險條例》第8條規定的自由投保對象[3]。在這個情況下，雇主沒有投保並無違法，若遭遇職災，勞工家屬將索賠無門。

無論企業規模如何、員工人數多寡、行業風險高低，除了勞保、健保和勞退都要依法投保之外，也建議雇主們適度為勞工投保商業保險，可以轉移不確定的法律風險。

註釋

1. 《勞工保險條例》第63條:「被保險人在保險有效期間死亡時,除由支出殯葬費之人請領喪葬津貼外,遺有配偶、子女、父母、祖父母、受其扶養之孫子女或受其扶養之兄弟、姊妹者,得請領遺屬年金給付。」

《勞工保險條例》第63-2條:「前二條所定喪葬津貼、遺屬年金及遺屬津貼給付標準如下:一、喪葬津貼:按被保險人平均月投保薪資一次發給五個月。但其遺屬不符合請領遺屬年金給付或遺屬津貼條件,或無遺屬者,按其平均月投保薪資一次發給十個月。二、遺屬年金:(一)依第63條規定請領遺屬年金者:依被保險人之保險年資合計每滿一年,按其平均月投保薪資之1.55%計算。(二)依前條規定請領遺屬年金者:依失能年金或老年年金給付標準計算後金額之半數發給。三、遺屬津貼:(一)參加保險年資合計未滿一年者,按被保險人平均月投保薪資發給十個月。(二)參加保險年資合計已滿一年而未滿二年者,按被保險人平均月投保薪資發給二十個月。(三)參加保險年資合計已滿二年者,按被保險人平均月投保薪資發給三十個月。前項第2款之遺屬年金給付金額不足新臺幣3,000元者,按新臺幣3,000元發給。遺屬年金給付於同

一順序之遺屬有二人以上時，每多一人加發依第1項第2款及前項規定計算後金額之25%，最多加計50%。」

2. 《勞工保險條例》第72條：「投保單位違反本條例規定，未為其所屬勞工辦理投保手續者，按自僱用之日起，至參加保險之前一日或勞工離職日止應負擔之保險費金額，處四倍罰鍰。勞工因此所受之損失，並應由投保單位依本條例規定之給付標準賠償之。投保單位未依本條例之規定負擔被保險人之保險費，而由被保險人負擔者，按應負擔之保險費金額，處二倍罰鍰。投保單位並應退還該保險費與被保險人。投保單位違反本條例規定，將投保薪資金額以多報少或以少報多者，自事實發生之日起，按其短報或多報之保險費金額，處四倍罰鍰，並追繳其溢領給付金額。勞工因此所受損失，應由投保單位賠償之。」

3. 《勞工保險條例》第8條：「左列人員得準用本條例之規定，參加勞工保險：一、受僱於第6條第1項各款規定各業以外之員工。二、受僱於僱用未滿五人之第6條第1項第1款至第3款規定各業之員工。三、實際從事勞動之雇主。四、參加海員總工會或船長公會為會員之外僱船員。前項人員參加保險後，非依本條例規定，不得中途退保。第1項第3款規定之雇主，應與其受僱員工，以同一投保單位參加勞工保險。」

21 勞工職災受傷總是好不了？

　　阿丁是個有點小聰明的員工，不過他的聰明沒有用在工作上，反而想著如何讓工作更輕鬆、要怎麼樣才可以請假有錢領、如何才不用承擔太多的責任。某天，阿丁騎機車上班途中，因為發生交通事故導致腿部嚴重受傷送醫治療。由於阿丁符合職災的「適當路線」、「適當時間」要件，且並未違反交通法規，此次事故被判定為職業災害。住院十日後阿丁出院回家休養，醫生開具的診斷證明書上寫著：「因腿部挫傷、骨裂，宜休養二個月」。

　　公司收到阿丁的診斷證明書後，人資小美就以公傷病假來處理。次月5日發薪時，阿丁以為公司會依照普通傷病假的規定，以半薪給付請假期間的薪資。不過收到薪資條後卻發現，公司竟然是以全薪給付，連全勤獎金都沒有扣。後來勞保局根據診斷證明書、交通事故圖、傷病給付申請書的記載，也判定阿丁職業災害成立，因此，自公傷病假第四日起，依據平均投保薪資的全部金額，給付「職業災害傷病給付」二個月。阿丁收到公司給付的全薪，又收到全額職災保險傷病給付，自行投保的意外險也另有保險給付，心想真的

是賺到了，不上班還可以領到這麼多錢。聰明的阿丁在二個月休養期限到期前，坐輪椅到醫院進行複診，在看診時告訴醫生他的腿部疼痛仍無法站立，必須坐輪椅行動，無法騎機車上班。於是醫生再開具「宜休養一個月」的診斷證明書給阿丁。從阿丁發生事故至今已經半年了，公司又繼續收到阿丁的診斷證明和假單，人資小美驚覺這情況似乎不太對。

☆

大多員工仰賴每個月的薪資過活，因此會盡量減少請假的頻率，以免當月薪資減少，甚至被扣全勤獎金。而阿丁在上班途中因交通事故受傷，由於符合「適當時間」、「適當地點」，並無違反《勞工職業災害保險職業傷病審查準則》第17條之規定，而被判定為「職業傷害」。因此，雇主依《勞動基準法》第59條之規定，必須負起「醫療補償責任」、「工資補償責任」、「失能補償責任」以及「死亡補償責任」。其中「工資補償責任」，指的是員工因職災而不能工作的醫療期間，雇主仍應給付全額工資。所以阿丁才會拿到公司全額支付的薪資。

隨後，公司再拿著阿丁繳交的診斷證明書（證明阿丁住院十日、休養二個月），向勞保局申請「職業災害傷病給

付」。也就是公傷病假第四日起,依據職業災害投保平均投保薪資的全額給付二個月,所以在前二個月阿丁總共拿到平時月薪的200%,當然非常開心。再加上自己的意外險給付,金額更為可觀。阿丁因此起了貪念,即使傷勢已經復原得差不多了,仍舊以無法行動為由,持續請醫生開立診斷證明書,向公司申請第三個月的公傷病假,想繼續領170%的月薪資。

人資小美發現情況不太對,因為同事之間有人目睹阿丁接送小孩上下學,甚至到市場買菜。然而,時間一到,阿丁依然拿出診斷證明書繼續請公傷病假,難道公司就真的無法拒絕阿丁的公傷病假申請嗎?

依照《勞動基準法》第59條規定:

「勞工因遭遇職業災害而致死亡、失能、傷害或疾病時,雇主應依下列規定予以補償。但如同一事故,依勞工保險條例或其他法令規定,已由雇主支付費用補償者,雇主得予以抵充之:

一、勞工受傷或罹患職業病時,雇主應補償其必需之醫療費用。職業病之種類及其醫療範圍,依勞工保險條例有關之規定。

二、勞工在醫療中不能工作時,雇主應按其原領工資數

> 額予以補償。但醫療期間屆滿二年仍未能痊癒,經指定之醫院診斷,審定為喪失原有工作能力,且不合第3款之失能給付標準者,雇主得一次給付四十個月之平均工資後,免除此項工資補償責任。(以下略)」

確實在員工職業傷害期間,公司需負擔工資補償責任。但法規也說明「如同一事故,依《勞工保險條例》或其他法令規定,已由雇主支付費用補償者,雇主得予以抵充之」。

也就是說,在員工公傷病假期間,若公司已給付全薪,必須跟員工簽立「原領工資補償歸還同意書」。在員工收取勞工保險的「職業災害傷病給付」後,應將超過法定權利的款項歸還給公司,才不會演變成職災期間勞工持續領取170%到200%薪資的情況。

若公司有投保「團體保險附加職災險」或「雇主補償險之所得補償險」,在員工職業傷害公傷病假期間所申請的保險給付,也能抵充公司應負擔的工資補償責任,可以作為一種企業的法律風險轉移。

至於應該如何解決本文案例中這種「員工的傷就是好不了」的問題?此時,公司的管理制度就十分重要。企業應於工作規則中明確訂立職業災害之處理流程及所需要之表單,

如：請假單、交通路線圖、原領工資補償歸還同意書、職業災害給付同意書等，並明文規定「醫院診斷證明書記載之休養日數超過合理期間，公司得指派其他員工陪同至其指定之區域級以上醫院診斷，並重新開立診斷證明書」。如此才能避免員工抱有僥倖心態，而能依據真實的復原狀況如期復職上班。反之，當勞工發生職業傷害時，雇主也應依照《勞動基準法》規定，負擔符合法規的職業災害補償責任，才不會陷入既被勞工局罰錢、又被員工討錢的窘境。

22 勞工發生職業災害，可以領更多錢嗎？

　　勞工職業災害期間，公司要給錢、勞保要給錢、團體保險要給錢，勞工似乎可以領到三筆錢。所以職災期間，勞工領的錢比較多嗎？

　　阿文經營的麵包店約有十位員工，在聘請了五星級飯店出身的阿武擔任專職麵包師傅後，麵包店生意興隆，天天大排長龍，所有人都忙得昏天暗地。某天下班後，阿武拖著疲憊的身軀騎車回家，卻在途中發生重大車禍。阿文向勞保局申請職業災害各項保險給付時，發現所有員工竟然都以基本工資投保，也沒有另外投保團體保險。阿武一個月薪資6萬元，阿文要如何給付阿武的職災補償呢？

☆

　　職災發生後，若責任歸屬都已釐清，要開始確認雇主所應負擔的責任時，依法要如何計算金額呢？

　　以本文案例來說，阿武每月薪資6萬元、投保2萬8,590

元,在發生本次職災後,在家休養了一年。後來,經判定為下肢失能第六級(五百四十日)[1],身為老闆的阿文到底要負擔哪些責任呢?

A.法律責任

按照《勞動基準法》第59條之規定:

「勞工因遭遇職業災害而致死亡、失能、傷害或疾病時,雇主應依下列規定予以補償。但如同一事故,依勞工保險條例或其他法令規定,已由雇主支付費用補償者,雇主得予以抵充之:
一、勞工受傷或罹患職業病時,雇主應補償其必需之醫療費用。職業病之種類及其醫療範圍,依勞工保險條例有關之規定。
二、勞工在醫療中不能工作時,雇主應按其原領工資數額予以補償。但醫療期間屆滿二年仍未能痊癒,經指定之醫院診斷,審定為喪失原有工作能力,且不合第3款之失能給付標準者,雇主得一次給付四十個月之平均工資後,免除此項工資補償責任。
三、勞工經治療終止後,經指定之醫院診斷,審定其遺

存障害者,雇主應按其平均工資及其失能程度,一次給予失能補償。失能補償標準,依勞工保險條例有關之規定。
四、勞工遭遇職業傷害或罹患職業病而死亡時,雇主除給與五個月平均工資之喪葬費外,並應一次給與其遺屬四十個月平均工資之死亡補償。(以下略)」

以下針對各項補償責任,一一說明:

a. 必需之醫療費用
勞工因職業災害之醫療期間,經醫師認定之必要醫療支出,雇主均應負擔。
按行政院勞工委員會民國84年5月10日台勞動三字第115057號函之內容:

「一、勞工因職業傷害,勞保醫療給付不足,而確有繼續醫療之必要者。……若醫師未認定,而勞雇雙方約定有繼續醫療之必要者,亦同。
二、病房費如經醫師或醫療機構出具證明為必要者,應由雇主負擔。……至於伙食費、證明書費用則不屬醫療費用。」

此函釋說明了雇主一定要支付的醫療補償，跟不必支付的項目。

b. 原領工資補償

勞工在職業災害醫療期間，仍有領取原來正常工作時間薪資之權利。按照《勞動基準法施行細則》第31條之規定：

「本法第59條第2款所稱原領工資，係指該勞工遭遇職業災害前一日正常工作時間所得之工資。其為計月者，以遭遇職業災害前最近一個月正常工作時間所得之工資除以三十所得之金額，為其一日之工資。」

c. 失能補償

依照《勞動基準法》第59條之規定：

「雇主應按其平均工資及其失能程度，一次給予失能補償。」

B. 雇主責任

a. 醫療補償

只要是醫師認定的「必要醫療行為」,又未列入健保給付範圍時,原則上雇主都要負擔,金額無上限。

b. 工資補償

雇主依《勞動基準法》第59條第1項第2款補償勞工之工資,應於發給工資之日給與。也就是說,發薪日當天公司就要用原領薪資發放薪資,若有職業災害保險之傷病給付或團體保險給付時,可以主張抵充。

職業災害保險部分,根據《勞工職業災害保險及保護法》第42條,勞工若因職業災害而不能工作,以致未能取得原有薪資,自不能工作的第四日起,可向勞保局申請職災傷病給付。而職災傷病給付的計算標準,前六十日部分是按被保險人發生保險事故的當月起,前六個月的平均日投保薪資發給;超過六十日,則按前六個月平均月投保薪資的70%發給[2]。

本案阿武受傷後在家休養了一年,期間阿文應支付阿武的工資補償,金額試算如下(忽略自第四天起才開始給付):

(60,000×12)－(28,590投保金額×2＋28,590×70%×10)＝462,690元

c. 失能補償

阿文雇主針對阿武下肢失能第六級(五百四十日),依

照平均工資補償之。

平均工資：60,000×6÷6＝60,000元

負擔費用（以一次領取失能給付模式進行計算）：
（60,000÷30×540）－（28,590投保金額÷30×540）＝565,380元

阿文雇主因阿武本次職業傷害事件，以多報少後總負擔金額（未含醫療補償）：462,690＋565,380＝1,028,070元，阿文共應給付102萬8,070元予阿武。

上述計算模式，為法定給付金額。如果阿文老闆有投團體保險，所領取的保險給付可以抵充職災補償金額，所以勞工不會因為職災而領更多。最後，還是建議雇主們，除了勞保、健保、勞退要依法投保之外，適度地為勞工投保商業保險，也可以轉移不確定的法律風險。

註釋

1. 《勞工保險失能給付標準》第5條：「失能等級共分為十五等級，各等級之給付標準，按平均日投保薪資，依下列規定日數計算之：一、第一等級為一千二百日。二、第二等級為一千日。三、第三等級為八百四十日。四、第四等級為七百四十日。五、第五等級為六百四十日。六、第六等

級為五百四十日。七、第七等級為四百四十日。八、第八等級為三百六十日。九、第九等級為二百八十日。十、第十等級為二百二十日。十一、第十等級為一百六十日。十二、第十二等級為一百日。十三、第十三等級為六十日。十四、第十四等級為四十日。十五、第十五等級為三十日。前項所定平均日投保薪資，依本條例第19條第3項第2款規定之平均月投保薪資除以三十計算之。前二項所定失能等級及給付標準，於請領失能年金給付者不適用之。」

2. 《勞工職業災害保險及保護法》第42條：「被保險人遭遇職業傷病不能工作，致未能取得原有薪資，正在治療中者，自不能工作之日起算第四日起，得請領傷病給付。前項傷病給付，前二個月按被保險人平均月投保薪資發給，第三個月起按被保險人平均月投保薪資70%發給，每半個月給付一次，最長以二年為限。」

23 有心,還是無意?
——性騷擾如何認定?

　　林小美站在公司電梯裡,緊抱著公文包的手蒼白發涼。電梯從一樓緩緩上升,每到一個樓層停下,打開門有人走進時,她的心跳就會加速。自從上個月市場部王經理連續二次在電梯裡「不小心」觸碰她的臀部後,這種恐懼就如影隨形。只要身後有男性同仁,她就會害怕是否又要遭遇另一次「不小心」的碰觸。

☆

　　午休時間,林小美前往公司附近的咖啡廳,在手機上來回查詢「職場性騷擾、法律」等關鍵字,螢幕上跳出的資訊讓她稍微安心了一些。
　　根據《性騷擾防治法》第2條:

>「本法所稱性騷擾,指性侵害犯罪以外,對他人實施違反其意願而與性或性別有關之行為,且有下列情形之一:

一、以明示或暗示之方式，或以歧視、侮辱之言行，或以他法，而有損害他人人格尊嚴，或造成使人心生畏怖、感受敵意或冒犯之情境，或不當影響其工作、教育、訓練、服務、計畫、活動或正常生活之進行。

二、以該他人順服或拒絕該行為，作為自己或他人獲得、喪失或減損其學習、工作、訓練、服務、計畫、活動有關權益之條件。」

又《性騷擾防治法》第25條第1項：

「意圖性騷擾，乘人不及抗拒而為親吻、擁抱或觸摸其臀部、胸部或其他身體隱私處之行為者，處二年以下有期徒刑、拘役或科或併科新臺幣10萬元以下罰金。」

且《性別平等工作法》更明確規定，雇主應防治性騷擾行為之發生，知悉有性騷擾情形時，應採取立即有效之糾正及補救措施。被害人可向雇主提出申訴，雇主應進行調查並為適當處理[1]；若雇主未盡防治責任，最高可處新臺幣50萬元罰鍰[2]。

林小美想起員工手冊上確實有性騷擾防治的篇章，但她

從沒想過有一天會需要用到它。她猶豫著是否要向人資部門檢舉,但王經理是公司紅人,而且上個月才剛拿下重要客戶,深得高層賞識。她只是到職一年的小職員,真的有辦法為自己發聲嗎?

試問,若發生以下情況,我們是否分得清楚哪些已經屬於性騷擾的範疇?

- 在職場、學校、聚會、擁擠的大眾運輸、百貨公司週年慶時人潮洶湧的電梯裡,都可能發生不經意的肢體接觸,這到底是「無意」的碰觸,還是「有意」的騷擾?
- 同學會、公司聚餐、家族聚會時,總有幾位「幽默」的人士,為了帶動氣氛而開一些比較腥羶的笑話,這到底只是「黃色」笑話,還是一種性騷擾?
- 與異性朋友交談時,拍拍對方的肩膀或手臂以示「鼓勵」或「讚揚」,或因為氣氛歡樂而輕輕擁抱對方,這到底是「禮儀」,還是已經構成性騷擾?
- 在網路上看到帥哥美女的清涼照片後分享到群組內或傳給和朋友的私聊,這樣是單純「分享」,還是性騷擾?
- 女同事穿著緊身便服,男同事不僅雙眼盯著看,還說出:「你穿得好性感喔!連我都心動了。」等話語,這樣是「讚美」還是性騷擾?

- 男主管對新進女同事說:「你是新人,還在學習公司業務,如果有什麼不懂,下班後我可以單獨教你。」這到底是「關心」還是性騷擾?

以上狀況大多會出現在日常生活中,而一般定義的性騷擾行為是指:

- 不受歡迎的性相關行為,包括言語、肢體接觸、暗示或其他型式的性關注。
- 影響他人尊嚴或造成困擾,使受害者感到被冒犯、羞辱或威脅。
- 權力不對等,常見於職場、學校等環境,加害者可能利用權勢或地位施加壓力。

常見的性騷擾類型包括:

A. 言語騷擾

a. 帶有性暗示的玩笑、評論或提問(例如對外貌、身材的評價)。
b. 詢問或討論私人性生活。

c. 傳播與性相關的謠言。

B. 非言語騷擾

a. 不當的眼神打量、吹口哨或手勢。
b. 展示帶有性暗示的圖片、文字或影片。

C. 肢體騷擾

a. 未經同意的觸碰、擁抱、撫摸。
b. 強迫的親密行為（如親吻、性接觸）。

D. 環境騷擾

a. 創造一種敵意、脅迫或侮辱的環境（例如職場中張貼色情海報）。
b. 網路性騷擾（如在通訊軟體或信箱發送性訊息、圖片、影片）。

近年來，由於 Me Too 事件的延燒，引起了社會大眾對性騷擾問題的討論與關注，也讓企業更加重視性騷擾議題。

為了防治工作場所的性騷擾事件，雇主應採取哪些措施呢？

依《性別平等工作法》第13條規定及《工作場所性騷擾防治措施準則》，雇主有以下責任：

僱用受僱者十人以上未達三十人之雇主，為防治性騷擾，應設置處理性騷擾之專線電話、傳真、專用信箱、電子信箱或其他指定之申訴管道，並應於工作場所顯著之處公開揭示。

僱用受僱者三十人以上之雇主，除依前項規定辦理外，應訂定性騷擾防治措施、申訴及懲戒規範，並公開揭示之。規範之內容，應包括下列事項：

- 實施防治性騷擾之教育訓練。
- 性騷擾事件之申訴、調查及處理程序，並指定人員或單位負責。
- 以保密方式處理申訴，並使申訴人免於遭受任何報復或其他不利之待遇。對調查屬實行為人之懲戒或處理方式。
- 明定最高負責人或僱用人為被申訴人時，受僱者或求職者得依本法第32條之1第1項第1款規定，逕向地方主管機關提起申訴[3]。

總之，企業應詳實了解性騷擾防治的相關法律規定，並且確實宣導、落實於管理當中，方能防患於未然，並提供友善安全的職場環境，讓員工可以安心工作。法律對於企業防治性騷擾已經有清楚規範，讀者可至相關網站查詢相關資訊[4]。

註釋

1. 《性別平等工作法》第13條：「雇主應採取適當之措施，防治性騷擾之發生，並依下列規定辦理：一、僱用受僱者十人以上未達三十人者，應訂定申訴管道，並在工作場所公開揭示。二、僱用受僱者三十人以上者，應訂定性騷擾防治措施、申訴及懲戒規範，並在工作場所公開揭示。雇主於知悉性騷擾之情形時，應採取下列立即有效之糾正及補救措施；被害人及行為人分屬不同事業單位，且具共同作業或業務往來關係者，該行為人之雇主，亦同：一、雇主因接獲被害人申訴而知悉性騷擾之情形時：（一）採行避免申訴人受性騷擾情形再度發生之措施。（二）對申訴人提供或轉介諮詢、醫療或心理諮商、社會福利資源及其他必要之服務。（三）對性騷擾事件進行調查。（四）對行為人為適當之懲戒或處理。二、雇主非因前款情形而知悉性騷擾事件時：（一）就相關事實進行必要之釐清。

（二）依被害人意願，協助其提起申訴。（三）適度調整工作內容或工作場所。（四）依被害人意願，提供或轉介諮詢、醫療或心理諮商處理、社會福利資源及其他必要之服務。雇主對於性騷擾事件之查證，應秉持客觀、公正、專業原則，並給予當事人充分陳述意見及答辯機會，有詢問當事人之必要時，應避免重複詢問；其內部依規定應設有申訴處理單位者，其人員應有具備性別意識之專業人士。雇主接獲被害人申訴時，應通知地方主管機關；經調查認定屬性騷擾之案件，並應將處理結果通知地方主管機關。地方主管機關應規劃整合相關資源，提供或轉介被害人運用，並協助雇主辦理第2項各款之措施；中央主管機關得視地方主管機關實際財務狀況，予以補助。雇主依第1項所為之防治措施，其內容應包括性騷擾樣態、防治原則、教育訓練、申訴管道、申訴調查程序、應設申訴處理單位之基準與其組成、懲戒處理及其他相關措施；其準則，由中央主管機關定之。」

2. 《性別平等工作法》第38-1條第1項至第4項：「雇主違反第13條第2項規定或地方主管機關依第32條之2第3項限期為必要處置之命令，處新臺幣2萬元以上100萬元以下罰鍰。雇主違反第13條第1項第2款規定，處新臺幣2萬元以上30萬元以下罰鍰。雇主違反第13條第1項第1款規

定,經限期改善,屆期未改善者,處新臺幣1萬元以上10萬元以下罰鍰。」

3. 《工作場所性騷擾防治措施準則》第3條:「僱用受僱者三十人以上之雇主,除依前條規定辦理外,應依本準則規定,訂定性騷擾防治措施、申訴及懲戒規範,並公開揭示之。前項規範之內容,應包括下列事項:一、實施防治性騷擾之教育訓練。二、性騷擾事件之申訴、調查及處理程序,並指定人員或單位負責。三、以保密方式處理申訴,並使申訴人免於遭受任何報復或其他不利之待遇。四、對調查屬實行為人之懲戒或處理方式。五、明定最高負責人或僱用人為被申訴人時,受僱者或求職者得依本法第32條之1第1項第1款規定,逕向地方主管機關提起申訴。僱用受僱者未達三十人之雇主,得參照前二項規定辦理。」

4. 雇主可參考運用「事業單位工作場所性騷擾防治措施申訴及懲戒規範範本」、「申訴管道範本」樣張電子檔:https://www.mol.gov.tw/1607/28162/28166/28268/28272/29104/post。

24 | 我只是講話比較大聲，就算是霸凌嗎？

　　張主管真的受不了了，這個工作已經教過小雅三次了，怎麼還是做錯！事先不確認、事後不回報、一教就說我會了、一做就說我錯了。張主管看到第四次的結果，忍不住脫口而出：「你是豬嗎？我教了你三次，教完你都說沒問題，為什麼還是做錯了？」小雅哭得梨花帶淚、連聲說對不起，下次會改進！張主管繼續說：「你下次再犯同樣的錯，我就要資遣你！」

☆

　　近年來，企業開始重視員工在職場上是否受到主管或同事不當對待，比如肢體或言語攻擊、侮辱、恐嚇等霸凌及暴力事件，導致在精神或身體上造成傷害。除了原先的法律規定，政府亦頒布相關作業指導；因此，企業除了制定相關防治措施之外，主管在行使管理權時，也要更加「謹言慎行」。那麼，上述案例中張主管的行為，到底屬於正常管

教,還是職場霸凌呢?

關於職場霸凌相關法令、常見問題及因應方式,筆者於本文彙整如下:

A.職場霸凌的相關法律規定:

《職業安全衛生法》第6條第2項第3款規定:

> 「雇主對下列事項,應妥為規劃及採取必要之安全衛生措施:三、執行職務因他人行為遭受身體或精神不法侵害之預防。」

另外,勞動部頒佈之〈執行職務遭受不法侵害預防指引〉(第四版)[1],亦於前言中提到「勞工於職場上遭受主管或同事利用職務或地位上的優勢予以不當之對待,或遭受顧客、服務對象、其他相關人士之肢體攻擊、言語侮辱、恐嚇、威脅等霸凌或暴力事件」會衍生為「社會環境因素引起之心理危害」(psychosocial factors),屬於雇主應防治之行為。由此可知,精神不法侵害也屬於霸凌行為。

B.法律規定應採取之防治行為

《職業安全衛生設施規則》第324-3條規定：

「雇主為預防勞工於執行職務，因他人行為致遭受身體或精神上不法侵害，應採取下列暴力預防措施，作成執行紀錄並留存三年：
一、辨識及評估危害。
二、適當配置作業場所。
三、依工作適性適當調整人力。
四、建構行為規範。
五、辦理危害預防及溝通技巧訓練。
六、建立事件之處理程序。
七、執行成效之評估及改善。
前項暴力預防措施，事業單位勞工人數達一百人以上者，雇主應依勞工執行職務之風險特性，參照中央主管機關公告之相關指引，訂定執行職務遭受不法侵害預防計畫，並據以執行；於勞工人數未達一百人者，得以執行紀錄或文件代替。」

本規則是為了幫助雇主預防勞工在工作場所中，因執行職務而遭到雇主、主管、同事、服務對象或其他第三方的不法侵害，進而造成身體或精神上的傷害，所提供的一些安全

衛生措施參考。至於個案之違法處理，比如已經發生了傷害、性騷擾或跟蹤騷擾等違法事件，則需依《職業安全衛生法施行細則》第11條的規定處理，視個案情況轉由相關主管機關或司法機關，依據所涉法律（如刑法、《性別平等工作法》、《性騷擾防治法》、醫療法、跟蹤騷擾防制法、《就業服務法》或中高齡就業促進法等）進行調查與認定。

上述規則所提供的僅為參考建議，並非唯一標準。各事業單位可依自身規模、人力配置等資源規劃，參考以上原則，或借鏡其他國家發布的指引與優良實務經驗，規劃並落實合適的防護措施。

C.企業應制定之職場霸凌防治政策

經勞、雇雙方同意後，雇主應以書面方式，公布相關預防政策及做法，且應在公開場合宣導，使所有勞工及其他第三者清楚了解。相關政策之規劃，建議可將下列事項納入：

a. 雇主於組織政策中，明確申明對各種職場不法侵害「零容忍」之立場，並建立安全、尊嚴、無歧視、互相尊重及包容、機會均等之職場文化。
b. 雇主應參考預防職場不法侵害或就業歧視等相關法令規

章，妥為規劃及採取必要之安全衛生措施，落實法令規定。
c. 針對疑似職場不法侵害事件，應建立標準處置流程，明定申訴或通報管道與後續處理及保護機制。
d. 明確規範各級主管與勞工之權利及義務，並確保所有人員了解各自承擔之義務及責任。
e. 提供職場不法侵害相關教育訓練，並鼓勵全員參與[2]。

D.管理制度之建立

企業要避免合理的管理行為被誤解或演變為職場霸凌，需在「管理目的」與「員工權益」之間取得平衡。以下提供具體建議，分為制度設計、溝通執行、文化塑造三方面：

a. 制度明確化：建立透明規範
在員工手冊中明確定義「職場霸凌」（如：持續性羞辱、孤立、不合理的工作分配），區分合理管理與霸凌的界線，並舉例說明何謂「合法管理行為」。如：依績效改善計畫的定期考核、因業務需要的職務調整、依懲戒管理辦法之懲處。
b. 建立多層次申訴機制

設置獨立於管理階層的申訴管道（如人資專線、外部倫理委員會），避免員工因畏懼報復而不敢舉發。此外調查流程與保密條款也應清楚明確，確保申訴者不受二次傷害。

c. 績效評估標準化

量化考核指標（如KPI、專案完成度），避免主觀評價。若需主觀評估（如團隊合作），應由多人共同評分並提供具體事例佐證。

E. 管理行為的執行技巧

a. 聚焦於「行為」而非「人格」

不當做法：「你總是懶散不負責任！」

正確做法：「過去一週有三份報告未在期限內提交，這影響了團隊進度。我們可以討論如何改善嗎？」

b. 避免公開批評與負面標籤

糾正員工時選擇私下場合，若有必要公開說明（如會議中），應僅針對「事件本身」而非「個人」。例如：「這個企劃的數據分析不夠完整」（事件）vs.「你連基礎分析都做不好」（個人）。

c. 提供改善機會與支持

對績效不佳者，應共同擬定「改善計畫」，如明確目標、時間表、培訓資源，並定期檢討。若仍未改善，再啟動懲戒程序。

F. 塑造尊重文化

預防重於事後處理，企業文化的塑造，亦是降低職場霸凌的重要工作。例如：企業可針對主管開設「正向領導力」課程，培養溝通技巧（如非暴力溝通、積極聆聽），並透過情境演練，學習如何處理衝突。並同步加強員工敏感度訓練，讓員工了解霸凌的樣態（如冷暴力、過度監控），鼓勵旁觀者介入或通報。高階主管應公開承諾霸凌零容忍政策，並在決策中展現公平性，亦可參考附錄中第2章的表單6〈職場不法侵害行為自主檢核表－主管層級〉，進一步確保管理時不會誤觸職場霸凌的地雷[3]。

綜上所述，企業除了因應法令規定外，透過制度設計、溝通技巧與文化塑造的三層把關，亦能有效降低管理衝突，同時維護員工尊嚴與生產力，隔絕職場霸凌，共創勞資共榮雙贏的環境。

註釋

1. 勞動部職業安全衛生署,〈執行職務遭受不法侵害預防指引〉(第四版),2025年2月,https://www.osha.gov.tw/48110/48713/48735/135152/。
2. 同上,伍、職場不法侵害之預防措施。
3. 表單來源:勞動部職業安全衛生署https://laws.mol.gov.tw/Download.ashx?pfid=0000199560。

25 幸福晚年如何過：談談退休（一）

老章問：「我要存多少錢才可以退休？我的退休金要一次領還是月領比較划算？勞保局的財務到底會不會發生問題？我十年後領得到退休金嗎？到底退休金有幾種？舊制、新制我都可以領嗎？」

當臺灣於民國108年喪失人口紅利後，便面臨人口快速老化。老年生活如何過得安康、安護、安寧、衣食無缺，是三、四、五年級生這群戰後嬰兒潮勞工的共同心願。但往往在經過計算之後會發現，領完退休金之後，好像還是要繼續工作。

《勞動基準法》於民國73年8月1日正式實施，為勞工勞動條件的保障建立了里程碑。舉凡工資、勞動契約、工作時間、休息、休假、童工、女工、職業災害補償、退休、工作規則等，都鉅細靡遺地修訂出相關條文，讓勞工的權利保障大幅提升。

隨著時間推移，民國88年起符合《勞動基準法》退休資格的勞工朋友，開始依照法規領取退休金，但退休金相關糾紛卻也層出不窮。例如：公司倒了，退休金該找誰領？公

司少算退休金,怎麼討?公司在退休前逼退,要怎麼處理?公司把我調到另一個公司投保,年資就會中斷嗎?另外一個最大的問題,就是「時間殺手」。因為臺灣中小企業的平均壽命低於十三年,許多勞工尚未達到退休資格就面臨公司倒閉。另一個「時間殺手」,則是年資因轉職而中斷的問題。舉例來說,某勞工在A公司任職十三年,轉職到B公司後又任職十年,最後任職於C公司,七年後退休。該勞工終其一生工作,卻因年資不連貫而無法在任何一家公司符合《勞動基準法》退休資格,所以一毛退休金都領不到,也就是「裸退」。有鑑於此,政府在民國93年6月13日通過「《勞工退休金條例》」,也就是俗稱的「勞退新制」,以便與《勞動基準法》退休金制度進行區分。結果舊制、新制,加上原有的勞保老年給付,於民國98年改為一次退跟月退,更讓大眾如墮五里霧中,直呼:「我們到底有幾種退休金呢?」

☆

目前,對於一千多萬辛勤工作的勞工而言,在民國94年7月1日前到職的勞工「可能」領得到《勞動基準法》舊制退休金,「絕對領得到」勞退6%退休金,「應該領得到」勞保老年給付。我們來看看這三種退休制度的法律規定。

A.《勞動基準法》的退休制度（俗稱「舊制退休金」，民國94年7月1日以前任職之勞工適用）

　　《勞動基準法》第53條：

　　「勞工有下列情形之一，得自請退休：
　　一、工作十五年以上年滿五十五歲者。
　　二、工作二十五年以上者。
　　三、工作十年以上年滿六十歲者。」

　　《勞動基準法》第54條第1項：

　　「勞工非有下列情形之一，雇主不得強制其退休：
　　一、年滿六十五歲者。
　　二、身心障礙不堪勝任工作者。」

B.《勞工退休金條例》的退休制度（俗稱勞退新制退休金、6%退休金）

　　《勞工退休金條例》第24條：

「勞工年滿六十歲，得依下列規定之方式請領退休金：
一、工作年資滿十五年以上者，選擇請領月退休金或一次退休金。
二、工作年資未滿十五年者，請領一次退休金。
依前項第1款規定選擇請領退休金方式，經勞保局核付後，不得變更。
第1項工作年資採計，以實際提繳退休金之年資為準。年資中斷者，其前後提繳年資合併計算。
勞工不適用勞動基準法時，於有第1項規定情形者，始得請領。」

C. 《勞工保險條例》的退休制度（俗稱勞保老年給付、勞保退休金）

《勞工保險條例》第58條：

「年滿六十歲有保險年資者，得依下列規定請領老年給付：
一、保險年資合計滿十五年者，請領老年年金給付。
二、保險年資合計未滿十五年者，請領老年一次金給付。

本條例中華民國97年7月17日修正之條文施行前有保險年資者，於符合下列規定之一時，除依前項規定請領老年給付外，亦得選擇一次請領老年給付，經保險人核付後，不得變更：
一、參加保險之年資合計滿一年，年滿六十歲或女性被保險人年滿五十五歲退職者。
二、參加保險之年資合計滿十五年，年滿五十五歲退職者。
三、在同一投保單位參加保險之年資合計滿二十五年退職者。
四、參加保險之年資合計滿二十五年，年滿五十歲退職者。
五、擔任具有危險、堅強體力等特殊性質之工作合計滿五年，年滿五十五歲退職者。
依前二項規定請領老年給付者，應辦理離職退保。
被保險人請領老年給付者，不受第30條規定之限制。
第1項老年給付之請領年齡，於本條例中華民國97年7月17日修正之條文施行之日起，第十年提高一歲，其後每二年提高一歲，以提高至六十五歲為限。（以下略）」

筆者另外將以上三種勞工退休制度的異同整理成表10，供讀者對照參考。

　　以上就是目前勞工可以適用的退休制度，共有「《勞動基準法》舊制退休金、勞退新制退休金、勞工保險老年給付」三種。若是民國94年7月1日以後才到職者，僅剩勞退新制退休金和勞工保險老年給付此二種勞工退休金制度。

　　但是，勞工可以領多少錢呢？請見下回分曉！

表10　勞工退休金制度比較

	概述	請領條件
舊制退休金 （雇主支付）	雇主應給予勞工的退休保障，屬於雇主對勞工的法定責任。 工作年資採計以「同一事業單位」為限，倘若離職，年資即中斷。	勞工服務於同一事業單位，且符合下列條件之一，可自請退休： 1. 工作十年以上，年滿六十歲。 2. 工作十五年以上，年滿五十五歲。 3. 工作二十五年以上。
新制勞工退休金 （勞退6%）	雇主應給予勞工的退休保障，屬於雇主對勞工的法定責任。 民國94年7月1日起施行，工作年資採計「不限同一事業單位」。 雇主需按月提繳勞工每月工資之6%至其個人專戶，退休時由勞工自行申請領取。	1. 年滿六十歲，無論是否在職，都可請領。 2. 工作年資未滿十五年，可選擇一次領取退休金。 3. 工作年資十五年以上，可選擇月領或一次領取退休金。
勞工保險老年給付	屬於社會保險之一，凡在職勞工依規定繳交保險費，離職後辦理退休且符合請領條件時，便可提出申請。 勞工保險費繳納規定： 1. 投保對象： 　年滿十五歲，未滿六十五歲的受僱勞工，或符合特定資格的自營作業者。 2. 保險費負擔比例： 　雇主負擔70%。 　勞工自行負擔20%。 　政府補助10%。 3. 繳費方式： 　由雇主每月向勞保局申報並繳納，勞工部分由雇主從薪資中扣除代繳。	1. 投保年資滿十五年，辦理退保後，可選擇月領或一次領（民國97年12月31日前有勞保年資者，才可選擇一次領）。 2. 投保年資未滿十五年，辦理退保後僅能選擇一次領。 但若勞工有併計國民年金保險，且年資滿十五年，則可於年滿六十五歲，選擇請領勞保老年給付。

26 幸福晚年如何過：談談退休（二）

　　勞工一生中「有機會」領到三種退休金，但退休後的晚年就因此獲得保障了嗎？其實勞工退休金的種類多，不代表錢領得多。領的金額多寡，要看工作年資、工資金額、投保年資、投保薪資等因素，我們就來一項項檢視。

　　根據《勞動基準法》第53條舊制退休金的規定，勞工要領到退休金的條件是：「十五年五十五歲」或「同一公司二十五年」或「十年六十歲」。如果公司倒閉或勞工經常換工作，會導致年資一再歸零。在無法累積年資的情況下，勞工很難符合上述條件。以致於，符合領取《勞動基準法》舊制退休金資格的勞工只有約10%，所以，政府在民國94年7月1日實施《勞工退休金條例》，即俗稱的「勞退新制」、6%退休金。

　　勞退新制的特色是年資跟著勞工走，無論換到哪個公司年資都能累積。而且，退休金按月存進勞工個人帳戶，誰都拿不走。等勞工到了六十歲，就可以自行向勞保局申請領取勞工帳戶內的退休金，也可以一邊工作一邊領取退休金。這個制度著重於維護勞工達退休年齡後可以邊領退休金邊持續

工作的權利。若勞工在民國94年7月1日選擇勞退新制提撥6%,《勞動基準法》的舊制年資就停止累積,既有的舊制年資保留不保障,未達舊制退休條件前離職時,仍舊無法請領舊制退休金。

勞保老年給付制度自民國98年1月1日開始實施年金制度,領多領少仍然是依工作年資、投保薪資、最高投保薪資六十個月等條件進行計算。所以,在職期間的投保,雇主是否有以多報少或是未投保的情況,就成了關鍵的影響因素!

☆

《勞動基準法》第53條:

「勞工有下列情形之一,得自請退休:
一、工作十五年以上年滿五十五歲者。
二、工作二十五年以上者。
三、工作十年以上年滿六十歲者。」

《勞動基準法》第54條第1項:

「勞工非有下列情形之一,雇主不得強制其退休:

一、年滿六十五歲者。
二、身心障礙不堪勝任工作者。」

《勞動基準法》第55條

「勞工退休金之給與標準如下：
一、按其工作年資，每滿一年給與二個基數。但超過十五年之工作年資，每滿一年給與一個基數，最高總數以四十五個基數為限。未滿半年者以半年計；滿半年者以一年計。
二、依第54條第1項第2款規定，強制退休之勞工，其身心障礙係因執行職務所致者，依前款規定加給20%。
前項第1款退休金基數之標準，係指核准退休時一個月平均工資。」

《勞工退休金條例》第24條：

「勞工年滿六十歲，得依下列規定之方式請領退休金：
一、工作年資滿十五年以上者，選擇請領月退休金或一次退休金。

二、工作年資未滿十五年者,請領一次退休金。

依前項第1款規定選擇請領退休金方式,經勞保局核付後,不得變更。

第1項工作年資採計,以實際提繳退休金之年資為準。年資中斷者,其前後提繳年資合併計算。(以下略)」

《勞工保險條例》第58-1條:

「老年年金給付,依下列方式擇優發給:
一、保險年資合計每滿一年,按其平均月投保薪資之0.775%計算,並加計新臺幣3,000元。
二、保險年資合計每滿一年,按其平均月投保薪資之1.55%計算。」

《勞工保險條例》第58-2條(展延加成及提前減成):

「符合第58條第1項第1款及第5項所定請領老年年金給付條件而延後請領者,於請領時應發給展延老年年金給付。每延後一年,依前條規定計算之給付金額增給4%,最多增給20%。

被保險人保險年資滿十五年,未符合第58條第1項及第

5項所定請領年齡者,得提前五年請領老年年金給付,每提前一年,依前條規定計算之給付金額減給4%,最多減給20%。」

假設阿財於民國80年到章董工廠任職,擔任機械操作技術員,逐步晉升到CNC切削機課長,最後在民國110年六十二歲時退休。阿財整整三十年的年資,退休時平均工資是4萬元,最後五年勞保投保薪資為4萬100元,那麼,阿財退休時能領取多少舊制退休金?又能領取多少勞保老年給付?請見以下試算。

A. 舊制退休金(民國94年7月1日以前到職之年資)

  a. 基數
    前十五年為二基數,後十五年為一基數,所以三十年年資為四十五基數。
    ($15 \times 2 + 15 \times 1 = 45$)
    退休金金額=平均工資 × 基數
  b. $40,000 \times 45 = 1,800,000$元。

B. 勞保老年給付

a. 一次領取

基數：前十五年為一基數，後十五年為二基數，所以三十年年資為四十五基數。

（15×1 ＋ 15×2 ＝ 45）

退休金金額＝平均月投保薪資 × 基數

40,100×45 ＝ 1,804,500元

b. 月退金領取

計算式：平均月投保薪資 × 投保年資 ×1.55%（不計展延年金、減給年金）

40,100×30×1.55% ＝ 18,647元（一個月）。

若以一次領取金額180萬4,500元，除以月退金一個月1萬8,647元，在約領取96.77個月時，二種制度領取之金額相等。也就是說，領取約8.06年的月退金，金額約等於一次領取老年給付的總金額；不過選擇領取月退金，在領取8.06年後仍能繼續按月領取。

若月退金才領取一年（十二個月）即過世，就會以一次領取老年給付的金額減去已領取的月退金額，並將差額發給遺屬。因此，似乎領取月退金比較划算喔！

第 3 章

離職管理篇

01 離職面面觀

臺灣總人口數在民國109年開始呈現負成長,並將於民國114年進入六十五歲以上人口占比超過20%的超高齡社會,「人口紅利」期間則至民國117年結束。當充沛勞動力不再、社會經濟負擔加重,企業招募員工已經成為最讓企業傷透腦筋的大事之一。而近年來,員工離職率高,也逐漸成為企業經營的另一個難處。員工離職會對企業會造成什麼影響?本章就來探討離職這件事。

☆

想要留的留不住,培訓成為中堅幹部後,就跳槽了。
不想要的也不能趕走,因為缺人缺得厲害只好留下。
不想被帶走的營業秘密,卻神不之鬼不覺地被帶走。
不想要發生勞資糾紛,卻無奈地到勞工局進行調解。
根據員工離職類型不同,需要的離職程序、表單、法律依據,甚至會產生的爭議,都有所不同。以下就來看看各種離職類型,以及相關法律規定。

A. 自請離職

依據《勞動基準法》第15條規定的離職模式，通常「生涯規劃」是員工自請離職時最常用的理由。當遇到自請離職，無論如何一定要請員工填具「離職申請書」，將離職申請日及離職日以書面清楚標示。筆者曾協助過的案例，某工廠員工無預警離職且未填具「離職申請書」，雇主竟於次月5日發薪後不久，收到來自勞工局的勞資調解通知書，理由是「雇主資遣我，但是沒有給付資遣費以及預告工資」。進入勞工局調解時，雇主由於提不出任何證據證明員工是自請離職，最後給錢了事。

B. 資遣離職

依據《勞動基準法》第11條規定的離職模式，「資遣離職」稱為雇主「經預告解僱」、「經濟解僱」，最常發生的狀況是「員工確實不能勝任工作時」。但這類事件也在勞資爭議中名列前茅，因為雇主與員工對「不能勝任工作」的認知通常不同。雇主認為員工不能勝任工作，員工則認為自己很能勝任，是雇主為了故意解僱而找的藉口。如果進入訴訟，目前法院通常會要求雇主提出員工不能勝任工作的證

據，比如該員工的輔導或教育訓練紀錄、調職紀錄等。如果雇主拿不出這些證據，在訴訟中將趨於劣勢，不但可能資遣無效，還會被視為違法解僱員工。

C.自請資遣離職

依據《勞動基準法》第14條，「自請資遣離職」最常見的狀況是第6款：「雇主違反勞動契約或勞工法令，致有損害勞工權益之虞者。」白話來說就是「因為公司違反勞動契約或有違法事項，我不幹了，請給我資遣費！」哪些情況算違反勞動契約？例如：原本說好做生管工作，但調他去做品管；或是說好工作地點在甲地，卻調他去乙地工作。除非勞雇雙方事先簽立的勞動契約中有約定工作項目或工作地點的但書，否則，就會被歸類為違反勞動契約。而雇主違反勞動法令的項目如：休假不足、加班費少算、投保以多報少、違反職業安全衛生規定等，只要有一項，就可以作為自請資遣離職的理由。若雇主制度違法，勞工在知悉的三十天內，或知悉受有損害的三十天內，可以提出「自請資遣」。

D.開除離職

依據《勞動基準法》第12條規定的離職模式,「開除離職」稱為雇主「不經預告解僱」。資遣有預告工資、資遣費、非自願離職證明、失業給付、通報等法律保障的權利,但開除離職除了已上班天數的薪資外,幾乎等於裸退。所以在《勞動事件法》施行後,法院面對此類開除解僱的官司,都會以「解僱最後手段性原則」來審視所有開除之證據,若出現「員工仍有教化之可能」、「雇主未充分舉證」、「未達情節重大」等情況,雇主大多會以違法解僱而敗訴。所以雇主在勞動契約和工作規則中,就要將「情節重大」定義清楚,這對雇主的舉證責任來說非常重要。

E. 退休離職

依據《勞動基準法》第53條、第54條規定的離職模式,「退休離職」又分為「自請退休」和「強制退休」,俗稱「《勞動基準法》舊制退休」。從民國94年7月1日開始施行勞退6%新制至今已近二十年,具有民國94年7月1日之前舊制年資的勞工逐年退休後,若民國94年7月1日之後到職的員工經「自請退休」或「強制退休」的方式離職,因勞退6%已由雇主按月提繳至員工勞保局的個人帳戶,除非

雇主有以多報少的狀況，不然勞工就沒有退休金的權利可請求了。

F. 合意終止離職

《民法》第153條：

「當事人互相表示意思一致者，無論其為明示或默示，契約即為成立。」

基於上述「契約自由原則」，勞、雇雙方可以自行約定離職的模式。如果員工在職期間騎驢找馬，工作不認真又不積極，雇主生氣也沒有用。此時，勞資雙方可以坐下來好好談：既然這不是勞工的理想工作，也不可能待一輩子，不如由公司提供離職慰勉金，讓勞工認真尋找適合的工作。否則公司不會給升遷、加薪、沒有學習機會，留下來也是浪費時間。談妥後，雙方簽立「勞雇關係合意終止協議書」，即可結束勞雇關係。

好聚好散非常重要。筆者曾見過雇主在員工離職後投資員工創辦的公司，離職員工因而成為優良供應商，以另一種型式成為企業力量的延伸。前述案例仰賴老闆的智慧，雇主

至少不要讓離職員工到勞工局、勞保局、健保局、國稅局等機關去檢舉,使公司疲於奔命,被主管機關「罰錢」、被員工「討錢」,甚至被法院判刑。

員工離職管理關乎企業生存和經營風險,不可不慎啊!

02 ｜公司瘦身計畫：資遣

　　前幾年新冠疫情導致景氣不佳，打亂了許多企業的經營計畫。陳老闆經營的連鎖SPA館在疫情期間業績大幅下滑，每個月虧損數百萬元，讓他苦不堪言。勉強撐了幾個月後，實在無法繼續承受鉅額虧損，只好著手進行瘦身計畫，忍痛資遣一部分員工。

　　而王老闆經營傳統製造業工廠，由於國外客戶大量取消訂單，導致其中一個部門完全沒有訂單要生產，已經減班休息了好幾個月。然而，可供此部門生產的訂單仍舊遙遙無期，王老闆因此必須裁撤整個部門，資遣部分員工。不過他想以本國籍勞工為優先資遣對象。

　　另一位歐董事長經營多家餐廳，由於他年紀漸長，又碰上餐飲業的蕭條期，整體業績剩不到五成。無奈之下，歐董事長決定直接結束營業，近百位員工只能全部資遣。

☆

　　新冠疫情之後，旅遊業、餐飲業、交通運輸業、內需服

務業以及部分製造業等，都受到雪崩式的衝擊。有些沒有受到政府命令停業的產業，不但沒有收入，每個月要給付員工薪資，另外還有租金、水電和稅金等支出，因此產生了「減班休息」、「輪班休假」、「特別休假抵充」、「請事假」、「留職停薪」等權宜做法，以降低營業支出，延長企業壽命。即便疫情過後，在疫情期間大量未消化的庫存，加上俄烏戰爭、以巴衝突、ESG浪潮、美國升息等國際趨勢影響，頹勢仍然持續，讓鋼鐵業、螺絲業、工具機等產業進入寒冬。部分企業疫後復活，但繼續受到衝擊的企業只能瘦身或結束營業。當企業發生這些情況的時候會遇到哪些問題？我們來檢視法規怎麼說。

A. 業績下滑、虧損，就可以資遣員工嗎？

資遣員工需按《勞動基準法》第11條規定：

「非有左列情事之一者，雇主不得預告勞工終止勞動契約：
一、歇業或轉讓時。
二、虧損或業務緊縮時。
三、不可抗力暫停工作在一個月以上時。

四、業務性質變更,有減少勞工之必要,又無適當工作可供安置時。
五、勞工對於所擔任之工作確不能勝任時。」

第2款所謂「虧損或業務緊縮時」,依據最高法院民國109年度台上字第1518號民事判決:

「然企業是否虧損,雇主得否以此原因片面終止與受僱人間之僱傭契約,仍當以企業體之營運、經營能力為準,而非以個別部門或是區分個別營業項目之經營狀態為斷。倘僅一部門業務虧損,而其他部門依然正常運作而仍有所獲利,甚至仍需勞工者,尚不得遽認其得預告勞工終止勞動契約,以避免雇主僅因短時間生產量及營業額,或一部門業務發生波動起伏,即遽予解僱勞工之失衡現象。」

也就是說,所謂「業務緊縮」,指的是「雇主在相對一段時間營運不佳,生產量及銷售量均明顯減少,而應縮小整體業務範圍」,因此雇主不能僅憑一時訂單減少,就主張業務緊縮而資遣。

B. 大量資遣員工，有特別的規定嗎？

依據《大量解僱勞工保護法》第2條第1項之規定：

「本法所稱大量解僱勞工，指事業單位有勞動基準法第11條所定各款情形之一、或因併購、改組而解僱勞工，且有下列情形之一：
一、同一事業單位之同一廠場僱用勞工人數未滿三十人者，於六十日內解僱勞工逾十人。
二、同一事業單位之同一廠場僱用勞工人數在三十人以上未滿二百人者，於六十日內解僱勞工逾所僱用勞工人數1/3或單日逾二十人。
三、同一事業單位之同一廠場僱用勞工人數在二百人以上未滿五百人者，於六十日內解僱勞工逾所僱用勞工人數1/4或單日逾五十人。
四、同一事業單位之同一廠場僱用勞工人數在五百人以上者，於六十日內解僱勞工逾所僱用勞工人數1/5或單日逾八十人。
五、同一事業單位於六十日內解僱勞工逾二百人或單日逾一百人。」

上述法規明確定義何謂「大量解僱勞工」，而事業單位若要大量解僱勞工，應於符合第2條規定情形之日起的六十天前，將解僱計畫書通知主管機關及相關單位或人員，並公告揭示，否則要罰錢[1]。

C.製造業合法資遣員工，能以本國勞工為優先資遣對象嗎？

部分本國籍勞工薪資較高，但工作效率可能低於只領取基本工資的外籍移工，許多雇主便想趁機洗牌，將此類本國員工依法資遣。但是，僱有外籍移工之企業，如果沒有事先詢問所欲資遣的本國勞工是否願意出任外籍移工所承擔的工作，就逕行將其資遣，依照《就業服務法》第57第1項第6款[2]，恐遭罰款並調降或取消外籍移工的配額。

雖然在疫情、景氣、國際趨勢衝擊下，企業經營十分困難，但還是要提醒雇主們，在處理員工的去留時，要謹慎且依法執行，才能避免引起勞資糾紛又遭到主管機關開罰喔！

註釋

1. 《大量解僱勞工保護法》第17條：「事業單位違反第4條第1項規定，未於期限前將解僱計畫書通知主管機關及相關單位或人員，並公告揭示者，處新臺幣10萬元以上50

萬元以下罰鍰,並限期令其通知或公告揭示;屆期未通知或公告揭示者,按日連續處罰至通知或公告揭示為止。」

2. 《就業服務法》第57條:「雇主聘僱外國人不得有下列情事:一、聘僱未經許可、許可失效或他人所申請聘僱之外國人。二、以本人名義聘僱外國人為他人工作。三、指派所聘僱之外國人從事許可以外之工作。四、未經許可,指派所聘僱從事第46條第1項第8款至第10款規定工作之外國人變更工作場所。五、未依規定安排所聘僱之外國人接受健康檢查或未依規定將健康檢查結果函報衛生主管機關。六、因聘僱外國人致生解僱或資遣本國勞工之結果。七、對所聘僱之外國人以強暴脅迫或其他非法之方法,強制其從事勞動。八、非法扣留或侵占所聘僱外國人之護照、居留證件或財物。九、其他違反本法或依本法所發布之命令。」

03　關於資遣，不可不慎！

「你明天不用來了！」

章董身為創業第一代，胼手胝足創辦公司，做事快、狠、準，是位霸氣的老闆。員工在他旗下工作總是戰戰兢兢、如履薄冰，十幾年來只要員工表現讓章董不滿意，他就會直接叫員工不用來了。以往員工被炒魷魚，都是臭著臉、摸摸鼻子就走了，從來沒有發生過什麼問題。

去年章董招募了一批新人，其中阿財在面試時的表現尤其讓人驚豔，試用期間也確實十分出色。沒想到才剛過試用期，阿財就開始嫌公司沒有工作標準、沒有升遷制度、沒有教育訓練、沒有員工福利。幾個月後，這些言論逐漸影響其他同仁，員工之間針對公司制度和福利的耳語造成人心浮動。章董知情後把阿財叫來罵了一頓，並以阿財「製造謠言、離間勞資情感」為由，叫他明天不用來了。

阿財不甘心，就到勞工局申請勞資調解，主張「公司資遣我，需要支付預告工資、資遣費及給予非自願性離職證明書，讓我可以領取失業給付」。章董則認為阿財把公司弄得烏煙瘴氣，執意不給阿財半毛錢。勞工局的調解因此無法成

立，雙方鬧上法院。

☆

近年來，由於勞動意識抬頭、媒體大量宣導以及政府的嚴格執法，勞資糾紛、勞動檢查件數與人數年年創新高。勞工可以自行查詢法律，捍衛自己的權利。像章董這樣霸氣的老闆漸漸地不能再霸氣，因為霸氣的後果就是勞工去投訴或檢舉、勞工局的勞動檢查，或是法院的勞資訴訟，而結果大多是資方敗訴。

資遣員工，需按《勞動基準法》第11條規定：

「非有左列情事之一者，雇主不得預告勞工終止勞動契約：
一、歇業或轉讓時。
二、虧損或業務緊縮時。
三、不可抗力暫停工作在一個月以上時。
四、業務性質變更，有減少勞工之必要，又無適當工作可供安置時。
五、勞工對於所擔任之工作確不能勝任時。」

而資遣員工之預告，需按《勞動基準法》第16條規定：

「雇主依第11條或第13條但書規定終止勞動契約者，其預告期間依左列各款之規定：
一、繼續工作三個月以上一年未滿者，於十日前預告之。
二、繼續工作一年以上三年未滿者，於二十日前預告之。
三、繼續工作三年以上者，於三十日前預告之。
勞工於接到前項預告後，為另謀工作得於工作時間請假外出。其請假時數，每星期不得超過二日之工作時間，請假期間之工資照給。
雇主未依第1項規定期間預告而終止契約者，應給付預告期間之工資。」

另外，在資遣員工前要通報主管機關，依《就業服務法》第33條第1項之規定：

「雇主資遣員工時，應於員工離職之十日前，將被資遣員工之姓名、性別、年齡、住址、電話、擔任工作、資遣事由及需否就業輔導等事項，列冊通報當地主管機關

及公立就業服務機構。但其資遣係因天災、事變或其他不可抗力之情事所致者，應自被資遣員工離職之日起三日內為之。」

　　章董主觀認定阿財的言論影響了公司的氛圍，脾氣上來先把阿財罵一頓，再以裸退的方式叫阿財不要做了，一毛錢都不想給，到了勞工局仍然堅持己見。而阿財認為他是為了前途向公司提出建言，想要以此驅動公司。然而，組織大多傾向抗拒變革，公司很難容得下異議的言論，所以，「製造謠言、離間勞資情感」的帽子就這麼扣在了阿財頭上。

　　進入訴訟之後，如果阿財所謂的「公司沒有工作標準、沒有升遷制度、沒有教育訓練、沒有員工福利」都能被證實不是謠言，那麼章董就沒有將他解僱的事實理由。如此一來，阿財可以主張二個請求，一個是「公司解僱違法，雙方僱傭關係存在」；也就是從章董叫阿財不用來上班的第一天起，到跑完勞工局調解、法院訴訟，回到公司上班之前，這段期間阿財的薪資和獎金，公司全部都要支付。另一個是主張「公司資遣」，需支付預告工資、資遣費並給予非自願性離職證明書。

　　許多老一輩的老闆在聽過我的「勞動法令對企業的巨大影響」課程後，常常脫口而出的一句話就是：「在臺灣到底

有幾間公司可以完全符合勞動法令的規定，如果要全部合法，乾脆公司關一關好了。」擔任顧問二十幾年來，筆者看過許多起初未完全符合勞動法令的企業，是在變革過程中讓制度逐步符合法規，每年多合法一點點，如同設定短、中、長期目標，多年後能夠全面合法的企業就會越來越多。這也算是一種「策略性的勞動法令合法」目標。

04 勞工自請資遣

「我不幹了,請老闆給我資遣費!」

接續上一章的案例,章董在經過阿財的資遣事件後,管理員工的方式收斂了許多。基於成本的考量,章董指示小美在為員工投保勞、健保及勞退6%時,盡量保低一點。計算加班費或有薪假(如婚喪假)工資時,也用底薪作為計算的基礎。小美洽詢勞保局、健保局和勞工局之後,建議章董投保薪資以及加班費不能只用底薪計算,應該要提高到以工資為基礎。章董考量到疫情嚴峻、訂單冷清,還是決定暫緩處理。小美畢竟只是員工,無權置喙,也只能接受命令。

阿發和在上文中被資遣的阿財是好朋友,在阿財被資遣後,阿發也萌生退意。但是想到工作這幾年的年資,又不甘心放棄。阿發洽詢勞工局後,才知道《勞動基準法》第14條規定,雇主如果違反勞動法令,勞工有權向老闆要求資遣費。於是在律師的協助下,阿發寄了「存證信函」給公司,主張公司投保及計算加班費的方式違法,因此,他依據《勞動基準法》第14條,主張存證信函送達時終止雙方的勞動契約,並且請求公司給付資遣費以及開立非自願離職證明

書。這下子,「霸氣的章董」又將面臨挑戰了。

☆

問題來了,明明勞工是自己要離開的,為什麼公司還得支付資遣費?自請資遣後,勞工可以請領失業給付嗎?

首先,來看勞工在什麼情況下可以不經預告提出離職。按《勞動基準法》第14條規定:

「有下列情形之一者,勞工得不經預告終止契約:
一、雇主於訂立勞動契約時為虛偽之意思表示,使勞工誤信而有受損害之虞者。
二、雇主、雇主家屬、雇主代理人對於勞工,實施暴行或有重大侮辱之行為者。
三、契約所訂之工作,對於勞工健康有危害之虞,經通知雇主改善而無效果者。
四、雇主、雇主代理人或其他勞工患有法定傳染病,對共同工作之勞工有傳染之虞,且重大危害其健康者。
五、雇主不依勞動契約給付工作報酬,或對於按件計酬之勞工不供給充分之工作者。

六、雇主違反勞動契約或勞工法令，致有損害勞工權益之虞者。

勞工依前項第1款、第6款規定終止契約者，應自知悉其情形之日起，三十日內為之。但雇主有前項第6款所定情形者，勞工得於知悉損害結果之日起，三十日內為之。

有第1項第2款或第4款情形，雇主已將該代理人間之契約終止，或患有法定傳染病者依衛生法規已接受治療時，勞工不得終止契約。

第17條規定於本條終止契約準用之。」

簡單來說，如果勞工有被雇主欺騙導致受到損害、暴力或嚴重侮辱、工作環境有害健康且雇主不改善、雇主或同事患有嚴重傳染病、雇主欠薪、沒有提供足夠的工作給按件計酬的勞工，或是雇主違法損害勞工權益，勞工都可以不經預告離職。不過有二種例外情況，如果患有傳染病的同事或主管已痊癒或離職，或是對勞工施暴、侮辱的主管已遭解僱，勞工就不能再以上述二種理由提出離職。

至於為何勞工自請資遣，雇主仍需給付資遣費？上述法規中提到「《勞動基準法》第17條規定，於本條終止契約準用之」，也就是說，第17條「雇主資遣員工時應給付資遣

費」的規定，也適用於勞工自請資遣的情況。所以即使是勞工自己要離開，雇主依然要給資遣費。

☆

　　章董基於成本考量，在為員工投保勞、健保及勞退6%時以多報少，而且計算加班費或有薪假工資時，也用底薪作為計算基礎，已經違反了《勞工保險條例》、《全民健康保險法》、《勞工退休金條例》、《勞動基準法》等規定，符合《勞動基準法》第14條1項6款「雇主違反勞動契約或勞工法令，致有損害勞工權益之虞」的情形。阿發以此為由終止與章董公司的勞動契約，並且請求資遣費跟非自願離職證明書，於法有據，公司必須遵照辦理。

　　許多老闆在經營觀念上較傳統，認為計算年終獎金、加班費、有薪假工資、投保勞健保及勞退6%只要以底薪為基礎就可以了。殊不知，除了年終獎金較無違法疑慮外，其他像是加班費、有薪假工資、資遣費、投保勞健保及勞退6%等計算，都需以《勞動基準法》第2條第3款所定義的「工資」為準[1]。

　　準確一點來說，公司發放具有「因工作而獲得之報酬」、「經常性給與」之薪資均需列入加班費、有薪假工

資、資遣費、投保勞健保及勞退6%的計算基數中。請參酌表11的薪資單。

表11　勞工薪資單

○○○公司薪資單 民國114年3月 姓名：張安迪		工資	非工資	投保	計入 加班費	婚、喪假 職業災害
本薪	28,000	×		×	×	×
伙食津貼	3,000	×		×	×	×
全勤獎金	2,000	×		×	×	×
主管加給	5,000	×		×	×	×
證照加給	1,000	×		×	×	×
績效獎金						
月	4,000	×		×	×	×
季	12,000	×		×	×	×
年	48,000		×			
中秋節金	20,000		×			
加班費	3,500	×		×		

註釋

1. 《勞動基準法》第2條第3款：「工資：指勞工因工作而獲得之報酬；包括工資、薪金及按計時、計日、計月、計件以現金或實物等方式給付之獎金、津貼及其他任何名義之經常性給與均屬之。」

05 資遣 vs. 開除,好難分清楚

　　企業員工之中,有些乖巧聽話、從不遲到早退,對老闆的指令百分百服從,是公司政策的擁護者。有時這類乖巧的員工卻常常做錯事,或因能力不佳導致超過工作時限仍不斷加班。在老闆訓話時總是抱歉地說「下次會改進」,而老闆看在員工乖巧的份上,常常給予機會。如果一再給出機會員工卻依然搞砸了,可以開除嗎?

　　另外一種員工,雖然能力很強,卻經常遲到、上班到處聊天、愛批評公司,被訓話時還會頂嘴,老是惹得老闆不高興。當這類員工一朝犯錯時,老闆可以開除嗎?

　　還有一種頂尖業務員,業績占公司50%以上,因而處處受到優待,甚至可以不理會主管的管教。結果發現他竟然侵占公款,可以開除嗎?

☆

　　企業在解僱員工時,經常將資遣以開除的方式處理,因為開除不必給資遣費、預告工資,又不必通報,相對方便。

但是資遣和開除,真的不一樣。

　　資遣員工,除了要符合下列《勞動基準法》第11條的規定外,企業還要進行預告、通報等流程,勞工才可以據此向勞保局申請失業給付。

《勞動基準法》第11條:

「非有下列情事之一者,雇主不得預告勞工終止勞動契約:
一、歇業或轉讓時。
二、虧損或業務緊縮時。
三、不可抗力暫停工作在一個月以上時。
四、業務性質變更,有減少勞工之必要,又無適當工作可供安置時。
五、勞工對於所擔任之工作確不能勝任時。」

《勞動基準法》第16條(資遣預告):

「雇主依第11條或第13條但書規定終止勞動契約者,其預告期間依左列各款之規定:
一、繼續工作三個月以上一年未滿者,於十日前預告之。
二、繼續工作一年以上三年未滿者,於二十日前預告之。

三、繼續工作三年以上者,於三十日前預告之。

勞工於接到前項預告後,為另謀工作得於工作時間請假外出。其請假時數,每星期不得超過二日之工作時間,請假期間之工資照給。

雇主未依第1項規定期間預告而終止契約者,應給付預告期間之工資。」

接著我們來看看開除相關規定。

被開除的勞工,除了已上班天數的薪資外,基本上等於裸退。而勞動法令的開除,幾乎等同刑法的死刑,求其生而不可得,才能判處死刑。因此,開除員工的理由,會被法官嚴格地檢視。若是理由跟證據不夠充足,就會被法官以確認僱傭關係存在為由,判決訴訟期間的薪資照給、勞工恢復工作權。若是開除理由、證明文件不足,或雇主在得知員工符合法定開除事由後,超過三十天才終止契約,都可能敗訴。雇主切莫因此賠了夫人又折兵啊!

《勞動基準法》第12條:

「勞工有左列情形之一者,雇主得不經預告終止契約:
一、於訂立勞動契約時為虛偽意思表示,使雇主誤信而有受損害之虞者。

二、對於雇主、雇主家屬、雇主代理人或其他共同工作之勞工，實施暴行或有重大侮辱之行為者。
三、受有期徒刑以上刑之宣告確定，而未諭知緩刑或未准易科罰金者。
四、違反勞動契約或工作規則，情節重大者。
五、故意損耗機器、工具、原料、產品，或其他雇主所有物品，或故意洩漏雇主技術上、營業上之秘密，致雇主受有損害者。
六、無正當理由繼續曠工三日，或一個月內曠工達六日者。

雇主依前項第1款、第2款及第4款至第6款規定終止契約者，應自知悉其情形之日起，三十日內為之。」

筆者另外將資遣與開除的異同整理成表12，供讀者對照。最後，我們回來探討本文開頭的案例：

- 乖巧勞工因能力不佳，搞砸了老闆給的最後一次機會，屬於資遣。
- 惹老闆不高興的勞工，因為工作犯錯而丟掉飯碗，屬於資遣。不過要請讀者注意的是，勞工犯下的錯誤是否達到應被資遣的程度，仍需個案討論。本文案例假設其行

為已達資遣標準。
- 頂尖業務員侵占公款證據確鑿，已經屬於刑事犯罪，當然是開除啦！

表12　資遣與開除之比較

方式	資遣	開除
法律依據	《勞動基準法》第11條第5款	《勞動基準法》第12條
原因	能力不佳	行為不當
資遣費	《勞動基準法》第17條（舊制） 《勞工退休金條例》第12條（新制）	無
預告	《勞動基準法》第16條	無
謀職假	《勞動基準法》第16條	無
通報	《就業服務法》第33條	無
非自願性離職證明書	有	無
失業給付	《就業保險法》第10、11條	無

上述案例中，前二項都是工作能力出問題，屬於資遣。第三項則是行為不當，以開除來處理。此處也要再提醒各位讀者，資遣流程中有許多細節要注意，稍有不慎就會被罰錢。資遣預告、資遣通報、資遣費、非自願性離職證明書、投保是否以多報少、資遣協議書等，均需完備才能萬無一失。

第4章

其他勞資相關法律規定

01 這又不是營業秘密

　　三十出頭歲的阿壯非常上進，工作積極的他，進入陳董公司後起初擔任操作技術員，優異的表現讓他受到主管賞識，幾年內就跨部門輪調過多個職位。隨後又因出色的工作成績接連升遷，最終成為了副總經理。他技能嫻熟、工作分配流暢，接待客戶及廠商時應對得當，在制定目標、執行策略上也有傑出的表現，儼然是公司的掌舵手。陳董本已暗自將阿壯視為接班人，打算再觀察個幾年，就讓阿壯升任總經理，並且給予公司股權。沒想到，阿壯並不安於現狀，他覺得自己值得更多利潤，於是乎一面工作，一面利用公司資源私下籌建自己的事業。

　　阿壯複製陳董的成功模式，打造幾乎一模一樣的企業。等新事業籌備妥當，阿壯就向陳董提出辭呈；即使陳董以優渥的條件積極挽留，也於事無補。阿壯主導的新公司在產品品質和價格上都勝過陳董公司，不到半年，陳董的客戶就被拉走一半，經營上受到了沉重的打擊。陳董認為阿壯忘恩負義，便依據《營業秘密法》以及離職後競業禁止協議書，向法院提出民事、刑事訴訟，請求法院依法讓阿壯負擔損害賠

償責任。此時問題來了,陳董告得成嗎?

☆

筆者見過許多中小企業,一直低調經營、默默地賺,沒想到昔日旗下的廠長、經理、副總等,掌握營業秘密後憑藉改良過的經營模式半路殺出,以超級競爭者之姿將老東家打得一蹶不振。故事中的陳董公司,遭受阿壯公司的無情打擊,導致營運受到重創,於是依據《營業秘密法》及離職後競業禁止協議書,向法院提出了民事、刑事訴訟。但是,這有用嗎?以下我們就來探討。

A.什麼是營業秘密?又該如何保護?

《營業秘密法》第2條:

「本法所稱營業秘密,係指方法、技術、製程、配方、程式、設計或其他可用於生產、銷售或經營之資訊,而符合左列要件者:
一、非一般涉及該類資訊之人所知者。
二、因其秘密性而具有實際或潛在之經濟價值者。

三、所有人已採取合理之保密措施者。」

公司之所以能在經營過程中逐漸壯大,一定是掌握著過人的機密和優勢。如果公司沒有為營業秘密制訂出合理的保護措施,比如:進行公司所有資訊盤點、建立營業秘密分級制、進行營業秘密之分級保管機制、設立各級人員之分級權限,反而將營業秘密暴露在所有員工之下,讓任何員工都可以接觸到機密,那麼這間公司的所有資訊,都不會被認定為營業秘密。

B.什麼是離職後競業禁止?如何約定才會有效?

《勞動基準法》第9-1條:

「未符合下列規定者,雇主不得與勞工為離職後競業禁止之約定:
一、雇主有應受保護之正當營業利益。
二、勞工擔任之職位或職務,能接觸或使用雇主之營業秘密。
三、競業禁止之期間、區域、職業活動之範圍及就業對象,未逾合理範疇。

四、雇主對勞工因不從事競業行為所受損失有合理補
　　　　償。
　前項第4款所定合理補償，不包括勞工於工作期間所受
　領之給付。
　違反第1項各款規定之一者，其約定無效。
　離職後競業禁止之期間，最長不得逾二年。逾二年者，
　縮短為二年。」

　　為避免高階人員離職後，透過直接或間接的方式與前東家競爭，《勞動基準法》設立了離職後競業禁止之約定相關條文，規定雇主與勞工約定競業禁止時，必須符合以下條件，否則約定無效：

a. 雇主有正當營業利益：離職後競業禁止的約定，是為了確保企業機密或市場競爭力不受損害。
b. 勞工曾接觸或使用雇主的營業秘密，才可能被限制從事競業行為。
c. 包括期間、區域、職業活動及就業對象等，其限制都不能超過合理範圍。
d. 雇主需提供合理補償，但不包括勞工在職期間的薪資或其他報酬。

上述條件都吻合時，勞雇雙方簽立的離職後競業禁止協議書才有效。如果違反這些原則，即使簽立了協議書，也無法拘束員工。

　　陳董培育阿壯是為了讓他成為接班人，然而阿壯竟以「全面背叛」作為回報，讓陳董情何以堪。但現實生活裡，中小企業仍飽受人才問題的困擾，兒女不回來接班，培養出來的專業經理人竟然還成為敵人。若是雇主與員工簽立「保密切結書」和「離職後競業禁止協議書」，是否就有足夠的牽制力量，不怕員工竊取營業秘密或是成為競爭對手？

　　答案是：不一定。如果約定的內容不夠完整、沒有配套措施、沒有依法規型式約定、沒有管理機制，仍然可能徒勞無功。倘若雇主有心栽培，應盡早與賞識的員工分享企業發展藍圖及分紅入股辦法，除了可以達到激勵效果，也能避免遭遇人才出走、變成競爭對手的窘境。

02 ｜ 感謝老闆的栽培：保證服務年限

　　新進員工阿強是個工作積極又認真學習的年輕人，以優異的成績通過試用期考核後，章董就有心栽培阿強。經過六個月的觀察，公司先讓阿強進行職位輪調。阿強才剛熟悉原先的工作內容，就接到了調職命令。或許有員工會認為這是公司有意刁難，但阿強認為新的職位能讓他接觸新同事、新工作、新技能和新環境，可以學到更多，便欣然接受調動。阿強於六年後升任課長，出任課長的四年期間業務進展更是得心應手。章董於是有心提拔他更上一層樓，決定送阿強去上「領導人培育營」課程，淬鍊他由管理者走向領導者。

　　阿強在課程期間遇到了同組的高總，他們一起操練課程、討論作業，高總也提供阿強許多經營企業的經驗。阿強吸收這些經驗後能靈活運用於課程之中，更讓高總覺得他是個人才。由於高總的公司規模比章董公司大五倍以上，在生產製造、產品行銷、國際貿易、人力資源、研究發展、財務管理等各方面都需要好人才，便提出優渥的條件挖角阿強。

　　「領導人培育營」結束一個月後，阿強就向章董提出了辭呈。

☆

章董心想：「我為了培養阿強接班，付出那麼多的人力、財力、物力跟心力，如此勞民傷財，卻收到『背叛』二字作為回報，真是情何以堪哪！」

中小企業老闆們飽受人才問題的困擾，因為兒女不回來接班、培養不出經理人才，奮鬥了二、三十年，到了五、六十歲還要親自上戰場。而公司也變成職業訓練所，才剛訓練出可用之才，結果人才揮一揮手就以生涯規劃為由提出離職。不訓練人才會累死自己，訓練人才卻可能為人作嫁，老闆們到底該怎麼辦呢？可以和員工約定最低服務年限嗎？

依據《勞動基準法》第15-1條：

「未符合下列規定之一，雇主不得與勞工為最低服務年限之約定：

一、雇主為勞工進行專業技術培訓，並提供該項培訓費用者。

二、雇主為使勞工遵守最低服務年限之約定，提供其合理補償者。

前項最低服務年限之約定，應就下列事項綜合考量，不得逾合理範圍：

一、雇主為勞工進行專業技術培訓之期間及成本。
二、從事相同或類似職務之勞工,其人力替補可能性。
三、雇主提供勞工補償之額度及範圍。
四、其他影響最低服務年限合理性之事項。
違反前二項規定者,其約定無效。
勞動契約因不可歸責於勞工之事由而於最低服務年限屆滿前終止者,勞工不負違反最低服務年限約定或返還訓練費用之責任。」

依照法規,老闆想要與員工約定最低服務年限來留住人才,有二個辦法。一是「提供培訓費用」,二是「提供合理補償」。以本文開頭的案例而言,章董付錢讓阿強去上「領導人培育營」課程,已符合法規條件的其中之一。但是雇主們常常忽略一件事,就是簽立「最低服務年限協議書」。

老闆在符合《勞動基準法》第15-1條第1項提出的二要件之一時,可以事先與員工簽立「最低服務年限協議書」,在協議書中約定,雇主提供課程或訓練費用後,員工同意繼續任職於公司的最低服務年限。如果在約定的最低服務年限前離職,員工應歸還訓練費用,甚至支付懲罰性的違約金給老闆。讓老闆即使留不住人,至少可以拿回為了培訓人才而付出的金錢,不至於人財兩失。

如果員工簽立了「最低服務年限協議書」，約定受訓後再服務三年，也依照協議內容完成服務年限，之後該如何處理？有的公司會透過其他方式來留住人才，例如：科技公司以「簽約金」方式落實「最低服務年限」，有些企業則會以「分紅」、「入股」、「配車」的方式來留才。綜合前述模式，員工基於生涯規劃而離職，其實重點仍舊是收入的高低，也就是「財聚－人散，財散－人聚」。老闆能捨得，人才就可得！

03 勞動檢查

A. 何謂勞動檢查？

《勞動檢查法》於第1條明文指出了勞動檢查的立法宗旨：「貫徹勞動法令之執行、維護勞雇雙方權益、安定社會、發展經濟。」以白話文說明，就是立法者為了保障勞工有安全的工作環境、身心健康，以及基本勞動條件，透過相關勞動法令來規範雇主，並賦予雇主遵守的義務。而「勞動檢查」（簡稱勞檢）就是政府據以檢視雇主是否落實勞動法令的重要憑藉。雇主沒確實落實，就會罰款。

筆者將我國過去三年勞檢件數整理為表13。這麼多件數之中，當然也伴隨著大量的罰款。

B. 勞動檢查有哪些種類？

《勞動檢查法》第4條：

表13　民國110年至112年我國勞動檢查件數

年度（民國）	檢查項目	件數
110年	勞動檢查	34,000
	職業安全衛生	146,827
111年	勞動檢查	37,208
	職業安全衛生	165,000
112年	勞動檢查	38,169
	職業安全衛生	154,010

資料來源：勞動部網站。

「勞動檢查事項範圍如下：

一、依本法規定應執行檢查之事項。

二、勞動基準法令規定之事項。

三、職業安全衛生法令規定之事項。

四、其他依勞動法令應辦理之事項。」

上述法規列出的勞檢範圍，詳細說明如下：

a.《勞動基準法》及相關勞動條件項目檢查，如：勞工名冊、工資、工時、休息、加班、休假、勞資會議、工作規則等，主要檢查文件包括勞工名冊、出勤紀錄、加班申請單、薪資清冊、請假紀錄、勞資會議紀錄、工作規

則、勞動契約、排班表、工作紀錄、勞保勞退投保明細表等。
b.《職業安全衛生法》及其相關規定之檢查，簡單來說，主要是針對危險區域及危險設備進行檢查，如下列：
(a) 工作環境或作業危害之辨識、評估及控制。
(b) 機械、設備或器具之管理。
(c) 危險性化學品之分類、標示、通識及管理[1]。

勞動檢查過程會進入廠內，針對不同工作環境、作業危害、機械、設備、器具、危險性化學品等項目，評估雇主提供的安全措施和防護是否充足、適當。

C. 為何會被勞動檢查？

a. 例行性檢查
主管機關依照《勞動檢查法》第6條規定，對於勞動條件現況、安全衛生條件、職業災害嚴重率及傷害頻率等情況，定期抽查各行各業是否遵循基本勞動法令。
b. 專案性勞檢
針對違反勞動法令比例較高之行業、特定身分勞工、因媒體揭露企業違法行為致引發社會關注的議題、公共安

全相關的特定產業,以及因應特定節日而規劃辦理的勞動條件專案檢查。如寒暑假前的工讀生專案、過年的連續假日專案、重大車禍後的勞檢專案等。

c. 檢舉性勞檢

因違法項目過多,遭勞工檢舉;或生意太好擋人財路遭到檢舉等。

d. 重點黑名單勞檢

前幾次勞檢中有多項違規的企業,易被主管機關列入未來執行勞檢的名單,檢視其是否確實改善以往不合格或違法的項目。

D. 勞動檢查的方向

近年來勞工意識抬頭,一支手機查遍資料,但得到的資料正確性參差不齊,往往可能引發更多的爭議。而勞工只要發現權益受損或公司制度不合法,就有可能提出申訴,促使勞工局進行勞動檢查。而公司在沒有準備的情況下,往往可能遭受多項裁罰。勞動檢查的方向,可以大致整理成員工權益及公司制度二部分。

a. 員工權益

員工權益,即法律規定該給員工,卻沒給的。例如員工符合加班規定,就要依據法律規定的倍率發給加班費,平日、休息日及國定假日,都有不同的倍率要遵守。再者,如該給員工的假別(如特別休假)沒有給、沒給足或是沒休完不結清,都會帶來受罰的風險。

以下列舉雇主應檢視的員工權益:

(a) 員工薪資(是否低於基本工資)[2]。
(b) 每月是否給足約定薪資(不能任意扣除員工薪資)[3]。
(c) 平日加班費(平日第九至第十小時以時薪乘以1.34倍發給;平日第十一至第十二小時以時薪乘以1.67倍發給)[4]。
(d) 休息日加班費(前二小時乘以1.34倍發給;第三小時至第八小時乘以1.67倍;第九小時以上以2.67倍發給)[5]。
(e) 國定假日加班費(加班發給)[6]。
(f) 例假日加班費(合法、違法加班)[7]。
(g)《勞動基準法》、《勞工請假規則》及《性別平等工作法》所詳列之各項假別。
(h) 特別休假。
(i) 變形工時、加班等是否經過勞資會議通過[8]。
(j) 投保勞保、健保、勞退6%。

b. 公司制度

(a) 勞工名卡[9]。

(b) 排班制仍需滿足一例一休的天數（是否有例假日出勤、當月休假日數不足等）[10]。

(c) 勞資會議（勞資代表核備）[11]。

(d) 出勤紀錄[12]。

(e) 薪資清冊置備[13]。

(f) 員工人數達三十人以上需向勞工局核備工作規則[14]、性騷擾性防治措施及申訴及懲戒規範之制定與宣導[15]。

(g) 勞、健保、勞退6%投保明細表。

以上皆為勞檢員在勞動檢查時會查核的文件，雇主應提前備妥。而在勞動檢查的過程中，也會依次逐項詢問。一般例行性勞檢的案件，通常會要求三個月內的出勤紀錄和薪資文件。而遭檢舉的勞檢案件，則會因應檢舉的內容進行查核。例如：公司被檢舉到職一年內未給加班費和特別休假、勞健保以多報少，那麼勞檢員就會要求公司提供一年的出勤紀錄、薪資清冊和請假紀錄，並將勞保和健保問題分別轉至勞保局和健保局，公司則會受到勞工局、勞保局、健保局這三個公部門的檢查。雇主必須了解相關法令和規範，除了減

少罰款,也能促進勞資關係的和諧,使公司能夠永續發展。

註釋

1. 《職業安全衛生法施行細則》第31條:「本法第23條第1項所定職業安全衛生管理計畫,包括下列事項:一、工作環境或作業危害之辨識、評估及控制。二、機械、設備或器具之管理。三、危害性化學品之分類、標示、通識及管理。四、有害作業環境之採樣策略規劃及監測。五、危險性工作場所之製程或施工安全評估。六、採購管理、承攬管理及變更管理。七、安全衛生作業標準。八、定期檢查、重點檢查、作業檢點及現場巡視。九、安全衛生教育訓練。十、個人防護具之管理。十一、健康檢查、管理及促進。十二、安全衛生資訊之蒐集、分享及運用。十三、緊急應變措施。十四、職業災害、虛驚事故、影響身心健康事件之調查處理及統計分析。十五、安全衛生管理紀錄及績效評估措施。十六、其他安全衛生管理措施。」
2. 《勞動基準法》第21條第1項:「工資由勞雇雙方議定之。但不得低於基本工資。」
3. 《勞動基準法》第22條第2項:「工資應全額直接給付勞工。但法令另有規定或勞雇雙方另有約定者,不在此限。」

《勞動基準法》第26條:「雇主不得預扣勞工工資作為違約金或賠償費用。」

4. 《勞動基準法》第24條:「雇主延長勞工工作時間者,其延長工作時間之工資,依下列標準加給:一、延長工作時間在二小時以內者,按平日每小時工資額加給1/3以上。二、再延長工作時間在二小時以內者,按平日每小時工資額加給2/3以上。三、依第32條第4項規定,延長工作時間者,按平日每小時工資額加倍發給。」

5. 《勞動基準法》第24條第2項:「雇主使勞工於第36條所定休息日工作,工作時間在二小時以內者,其工資按平日每小時工資額另再加給1又1/3以上;工作二小時後再繼續工作者,按平日每小時工資額另再加給1又2/3以上。」

6. 《勞動基準法》第39條:「第36條所定之例假、休息日、第37條所定之休假及第38條所定之特別休假,工資應由雇主照給。雇主經徵得勞工同意於休假日工作者,工資應加倍發給。因季節性關係有趕工必要,經勞工或工會同意照常工作者,亦同。」

7. 《勞動基準法》第40條:「因天災、事變或突發事件,雇主認有繼續工作之必要時,得停止第36條至第38條所定勞工之假期。但停止假期之工資,應加倍發給,並應於

事後補假休息。前項停止勞工假期,應於事後二十四小時內,詳述理由,報請當地主管機關核備。」

8. 《勞動基準法》第32條:「雇主有使勞工在正常工作時間以外工作之必要者,雇主經工會同意,如事業單位無工會者,經勞資會議同意後,得將工作時間延長之。」

《勞動基準法》第36條:「前項所定例假之調整,應經工會同意,如事業單位無工會者,經勞資會議同意後,始得為之。雇主僱用勞工人數在三十人以上者,應報當地主管機關備查。」

9. 《勞動基準法》第7條:「雇主應置備勞工名卡,登記勞工之姓名、性別、出生年月日、本籍、教育程度、住址、身分證統一號碼、到職年月日、工資、勞工保險投保日期、獎懲、傷病及其他必要事項。前項勞工名卡,應保管至勞工離職後五年。」

10. 《勞動基準法》第36條:「勞工每七日中應有二日之休息,其中一日為例假,一日為休息日。雇主有下列情形之一,不受前項規定之限制:一、依第30條第2項規定變更正常工作時間者,勞工每七日中至少應有一日之例假,每二週內之例假及休息日至少應有四日。二、依第30條第3項規定變更正常工作時間者,勞工每七日中至少應有一日之例假,每八週內之例假及休息日至少應有

十六日。三、依第30條之1規定變更正常工作時間者，勞工每二週內至少應有二日之例假，每四週內之例假及休息日至少應有八日。」

11. 《勞資會議實施辦法》第11條：「勞資會議代表選派完成後，事業單位應將勞資會議代表及勞方代表候補名單於十五日內報請當地主管機關備查；遞補、補選、改派或調減時，亦同。」

12. 《勞動基準法》第30條：「雇主應置備勞工出勤紀錄，並保存五年。」

13. 《勞動基準法》第23條：「雇主應置備勞工工資清冊，將發放工資、工資各項目計算方式明細、工資總額等事項記入。工資清冊應保存五年。」

14. 《勞動基準法》第70條：「雇主僱用勞工人數在三十人以上者，應依其事業性質，就左列事項訂立工作規則，報請主管機關核備後並公開揭示之：一、工作時間、休息、休假、國定紀念日、特別休假及繼續性工作之輪班方法。二、工資之標準、計算方法及發放日期。三、延長工作時間。四、津貼及獎金。五、應遵守之紀律。六、考勤、請假、獎懲及升遷。七、受僱、解僱、資遣、離職及退休。八、災害傷病補償及撫卹。九、福利措施。十、勞雇雙方應遵守勞工安全衛生規定。十一、

勞雇雙方溝通意見加強合作之方法。十二、其他。」

15.《性別平等工作法》第13條:「雇主應採取適當之措施,防治性騷擾之發生,並依下列規定辦理:一、僱用受僱者十人以上未達三十人者,應訂定申訴管道,並在工作場所公開揭示。二、僱用受僱者三十人以上者,應訂定性騷擾防治措施、申訴及懲戒規範,並在工作場所公開揭示。」

04 勞資會議？員工會議？

什麼是「勞資會議」？公司與全體員工一起進行會議就是「勞資會議」嗎？其實這是一個誤解。

「勞資會議」顧名思義是資方與勞方一起開會，但並不是公司把全體員工找來，討論勞工關係、工作效率、福利事項就算是「勞資會議」。進行「勞資會議」，應符合法律規定的要件和程序，本文就來看看符合法規的「勞資會議」有哪些重點。

A.為何要成立「勞資會議」？

《勞動基準法》第83條規定：

> 「為協調勞資關係，促進勞資合作，提高工作效率，事業單位應舉辦勞資會議。」

工作中，勞資雙方偶有摩擦，勞資會議作為溝通管道，可以讓雙方共同釐清問題、減少誤會及摩擦，進而穩固勞資

關係、加強工作效率。由於未成立「勞資會議」也不會被罰款，部分企業不覺得勞資會議有其急迫性。

B. 公司一定要舉辦「勞資會議」嗎？

依據《勞資會議實施辦法》第2條規定，事業單位勞工人數超過三十人以上，即需要舉辦勞資會議[1]。而且有些法定事項也必須經由勞資會議做成決議，方可施行。例如最常見的：《勞動基準法》第32條第1項的「加班」，及《勞動基準法》第30條、第30-1條的「變形工時」。即使員工人數未達三十人，只要公司要執行《勞動基準法》規定、需經勞資會議決議的事項，就要舉辦勞資會議並通過議案，才不會因此受罰[2]（如變形工時、加班未經勞資會議通過即施行，將遭罰款並公布負責人姓名[3]）。

C. 如何舉辦勞資會議？

a. 成立「勞資會議」
   (a) 前置作業
       需於全體勞工會議前十日「公告」成立勞資會議、投票日期、會議時間及地點等事項（《勞資會議實施

辦法》第9條）。

(b) 勞資會議代表限制

　　勞資會議辦法對勞資會議代表有一些限制，例如依據《勞資會議實施辦法》第6條規定，事業單位單一性別勞工人數逾勞工人數1/2者，其當選勞方代表名額不得少於勞方應選出代表總額的1/3。而在年齡部分，依據《勞資會議實施辦法》第7條規定，要滿十五歲才能出任勞方代表。最後在身分別部分，依據同辦法第8條規定，一級業務主管不能出任勞方代表。

(c) 成立「勞資會議」之全體員工會議

　　成立「勞資會議」，要由資方派任資方代表，並由全體員工選任勞方代表。勞方代表人數按公司人數多寡為二至十五人，另規定公司員工人數超過一百人者，各代表人數不得低於五人[4]。選出雙方代表後，公司即需做成勞、資代表名冊，勞資雙方代表每一任任期為四年[5]，最後將勞、資代表名冊去函當地主管機關即勞工局備查[6]。

b. 舉辦勞資會議

(a) 勞、資代表確認且經勞工局核備後，公司即需依據《勞資會議實施辦法》第18條規定，每三個月舉辦

一次勞資會議。

(b) 例行會議舉辦前,需於七日前通知全體員工,並於會議舉辦三日前,將會議提案分送給各代表[7]。

(c) 勞資會議的主席,由勞資代表雙方各派一位輪流擔任,但有必要情況時,可以二個人一起擔任[8]。

(d) 勞資會議提案事項決議,需要有勞資代表各過半數出席,協商達成決議,如果雙方沒有共識,需要由雙方代表人數3/4以上同意才能達成決議[9]。

(e) 若決議不成,則依《勞資會議實施辦法》第22條規定,提交下次會議復議。

(f) 若雙方協商達成決議,則做成會議紀錄,並依會議決議辦理。

D. 勞資會議會談到什麼內容?

勞資會議內容可依據公司內部需要提出議案,例如公司近況、員工獎懲、政策宣達、勞工關係、工作效率等。例如:疫情期間向員工宣達諸如辦公環境清消、傳染防治程序等,這些都需要透過勞資會議進行說明及討論。

再者,法律規定需勞資會議同意後方得執行的事項,若公司違反,便可能受罰:

a. 加班

依據《勞動基準法》第32條第1項規定，公司若有加班情形，需勞資會議同意。

b. 例假日調移

依據《勞動基準法》第36條第5項規定，公司與員工協議調整例假日，需勞資會議同意。

c. 變形工時

依據《勞動基準法》第30條第2項、3項及第30-1條第1項規定，公司不論實施二週、四週或八週變形工時，除了符合行業別規範，還需要經過勞資會議決議。

以上即屬於勞資會議決議後才能執行的規定，若公司未經勞資會議同意就執行加班、變形工時或調整例假日，假如日後遭到勞動檢查，就會有被裁罰的風險。

勞資會議的初衷，是希望搭起雇主與勞工間溝通的橋梁。雖然目前除了法律規定需要勞資會議同意才能執行的項目外，即使沒有舉行勞資會議也不會被處罰，但透過勞資會議來維持與員工間的良好關係，強化溝通、解決問題，也是企業永續經營的重要一環。

註釋

1. 《勞資會議實施辦法》第2條第1項:「事業單位應依本辦法規定舉辦勞資會議;其事業場所勞工人數在三十人以上者,亦應分別舉辦之,其運作及勞資會議代表之選舉,準用本辦法所定事業單位之相關規定。」

2. 《勞動基準法》第79條:「有下列各款規定行為之一者,處新臺幣2萬元以上100萬元以下罰鍰:一、違反第21條第1項、第22條至第25條、第30條第1項至第3項、第6項、第7項、第32條、第34條至第41條、第49條第1項或第59條規定。」

3. 《勞動基準法》第80-1條第1項:「違反本法經主管機關處以罰鍰者,主管機關應公布其事業單位或事業主之名稱、負責人姓名、處分期日、違反條文及罰鍰金額,並限期令其改善;屆期未改善者,應按次處罰。」

4. 《勞資會議實施辦法》第3條第1項:「勞資會議由勞資雙方同數代表組成,其代表人數視事業單位人數多寡各為二人至十五人。但事業單位人數在一百人以上者,各不得少於五人。」

5. 《勞資會議實施辦法》第10條第1項:「勞資會議代表之任期為四年,勞方代表連選得連任,資方代表連派得連任。」

6. 《勞資會議實施辦法》第11條：「勞資會議代表選派完成後，事業單位應將勞資會議代表及勞方代表候補名單於十五日內報請當地主管機關備查；遞補、補選、改派或調減時，亦同。」

7. 《勞資會議實施辦法》第20條：「勞資會議開會通知，事業單位應於會議七日前發出，會議之提案應於會議三日前分送各代表。」

8. 《勞資會議實施辦法》第16條：「勞資會議之主席，由勞資雙方代表各推派一人輪流擔任之。但必要時，得共同擔任之。」

9. 《勞資會議實施辦法》第19條第1項：「勞資會議應有勞資雙方代表各過半數之出席，協商達成共識後應做成決議；無法達成共識者，其決議應有出席代表3/4以上之同意。」

附　錄

表單應用篇

筆者於本附錄提供以下表單，讀者若有需要，可輸入文末網址，或掃描條碼以下載和運用。

第1章　招募、任用、報到篇
表單1　人事資料表
表單2　錄取通知書
表單3　錄用規定專案助理
表單4　薪資核定表
表單5　教育訓練程序表

第2章　在職管理篇
表單1　簽到簿
表單2　忘打卡證明單
表單3　加班申請單
表單4　工作時間異常單
表單5　請假卡
表單6　職場不法侵害行為自主檢核表 ─ 主管層級

第3章　離職管理篇
表單1　離職申請書
表單2　員工職務移交清冊

表單3　自請退休申請書

表單4　退休暨權益結清協議書

表單5　非自願離職證明書

網址：https://pse.is/77evac

條碼：

後記

民國88年,當時還在汽車公司擔任法務主管的我,因為老婆任職的事務所律師一句「高雄比較好做」,我們就從臺中舉家搬到人生地不熟的高雄開疆闢土。感謝當時那位賣鹹酥雞的好朋友,開車載著我們夫妻沿著岡山和燕巢的馬路,一路抄寫各家公司招牌上的電話,靠著一通一通地撥打,開創事業的第一步。

民國108年6月25日,我們舉辦了公司創立二十週年的慶祝酒會,邀請所有客戶共襄盛舉。席間我們將標有公司名稱的獎牌和獎盃,頒給與我們合作十年、十五年以上的客戶,感謝他們的支持。看著眾老闆們一一上台領獎,我們也是感動莫名。

我的合夥人兼夜間部同學——鄭執行長上台致詞:「今天所有在座的嘉賓,都是羿誠企管的功德主,辦公室的一磚一瓦,都是大家的幫助!我們都心存感恩,也時時在思考如何協助客戶解決問題,共同創造價值。我們把感恩的心放在

經營理念中,感恩客戶的信任!我們把客戶的事情當成自己的事情,盡心盡力地處理。也感恩員工能努力學習、努力成長、努力協助公司來服務客戶。」

百餘家客戶到場同歡,祝賀聲此起彼落。許多受內勤同仁服務超過十年的客戶,也與他們初次相見歡,彼此訴說著:原來你長得這麼可愛、你服務得真好……高興之餘,看見許多支持我們十幾二十年的老闆,從當年三四十歲的帥氣挺拔成了如今的中年圓肚,也頗有種「真的跟著你慢慢變老了」的感慨。

臺灣有一百五十萬家中小企業,成長與衰敗的軌跡大多相似。其中94%的企業,不知道怎麼接班、傳承。我們經常在想,除了透過勞動法令協助客戶在經營上符合法規,我們還能幫上什麼忙?

就企業經營的各種成本而言,讓制度符合勞動法令,屬於間接成本。不論是勞保、健保、退休金、工資墊償、就業保險費、加班費、假日工資還是傷病補償,不論繳多、繳少、付多、付少,這些都跟企業的經營獲利沒有直接關係,所以我們叫它「二次費用」,也因此,許多企業主不會把經營焦點放在勞動法令上。在經營管理中,勞動法令輔導屬於冷門領域,誠如我在第3章「離職管理篇」談論資遣時所說:「近年來,由於勞動意識抬頭、媒體大量宣導以及政府

的嚴格執法，勞資糾紛、勞動檢查件數與人數年年屢創新高。」這些都迫使企業正視經營合法性的問題，以免誤觸法律地雷而遭受罰鍰、賠款處分，嚴重一點甚至會被判刑。

然而，在勞動法令的變革歷史中，每一次重大修法都讓企業人仰馬翻，手足無措。例如民國87年公告全面適用《勞動基準法》，將服務業納入適用範圍，便讓服務業者叫苦連天、不知所措。民國90年政府將工時由二週九十六小時調整為二週八十四小時，企業們也紛紛吶喊：「這是要逼死誰！」、「這怎麼活得下去！」到了民國94年施行《勞工退休金條例》，在立法院於民國93年通過法案後，又是一片譁然地陳情和找解方。不過隨著勞動法令一步步修法，每一次引發的波瀾也越來越小，企業不再因法令變革而震驚，適應新法的時間也逐步縮短。不過，企業也並未因此全面合法。雖然部分企業走向全面合法之路，但也有部分企業被嚇了幾次之後就不怕了。在勞動爭議爆發前，仍依照既有的模式繼續經營，採取「不告不理策略」，因為認為自己不會這麼倒楣。從民國87年到民國105年的勞動法修法歷程來看，在這十八年間，沒事的依舊沒事。所以民國105年12月23日通過俗稱的「一例一休」《勞動基準法》改革修法案時，似乎沒有引發大地震。結果，伴隨此次修法而來的，是勞動部的勞檢大軍，且強度和密度都持續增加。加上每月開出的

罰單，導致此次修法帶來的震盪，至今已逾八年仍未停歇。勞資糾紛讓勞資對立的氛圍越發沉重，勞動檢查也讓企業感到經營空間不斷受到壓縮，不過，也因而讓不合法經營的企業制度大幅改善。

　　因此我們得知，如果沒有配套的政策，勞動法令的實施力度便會逐年遞減。就像經營企業時，董事長發現公司的營運從上到下都在浪費，沒效率又沒紀律，一怒之下召集幹部來大刀闊斧地公布新政策，要求各單位即刻執行。起初整間公司嚇成一片，結果因為沒有人監督、沒有人執行、沒有人報告、沒有人檢討，最後也就不了了之。董事長忘了發飆這件事，員工也有默契地閉口不語，等待風暴悄悄過去。如果董事長不再想起這件事，大家又和樂融融地生活在一起，直到哪天董事長忽然又想起這個新政策，整間公司便會再次陷入惶恐之中。中小企業似乎重複著這樣的循環，而人性好像也是如此。做習慣的事、走習慣的路、吃習慣的餐點、領習慣的薪資，害怕改變，也害怕被要求改變。

　　流程改善、組織變革、人才培訓、技術提升、建立企業文化、薪酬制度、設備自動化、數位轉型、溫室氣體管理、ESG企業永續管理等，每一項都是改變，每一項都要花大錢，每一項都面臨阻力，但每一項也都需要「人」來配合、來推動。

「改變，過去沒有了。不改變，未來沒有了。」疫情期間，「分倉分流」、「WFH」（編註：Work from Home，居家工作）、「元宇宙」等原先不存在於臺灣的概念一再躍上檯面，如今「AI時代」再度翻轉世界，企業該如何跟隨時代巨輪前進而不被淘汰，最關鍵也最必要的，就是持續不斷地改變。

現今企業面臨少子化及人才短缺，招募困難、技術傳承困難、員工管理困難、二代接班困難，這些情況使「人力資源」躍升為目前中小企業最大的課題。所以協助客戶找到對的人、放在對的位置、做對的事也把事做對，就是我們團隊接下來最重要的任務了！

新商業周刊叢書BW0869

勞資一點通，一看馬上懂
從薪資、投保、霸凌、性平到資遣，資深顧問帶你搞懂42個勞資議題，避免罰單與糾紛

作　　　者	張舜智
責 任 編 輯	鄭宇涵、鄭凱達
版　　　權	吳亭儀、江欣瑜、顏慧儀、游晨瑋
行 銷 業 務	周佑潔、林秀津、林詩富、吳藝佳、吳淑華
總 編 輯	陳美靜
總 經 理	賈俊國
事業群總經理	黃淑貞
發 行 人	何飛鵬
法 律 顧 問	元禾法律事務所　王子文律師
出　　　版	商周出版
	115020台北市南港區昆陽街16號4樓
	電話：(02) 2500-7008　傳真：(02) 2500-7579　E-mail: bwp.service@cite.com.tw
發　　　行	英屬蓋曼群島商家庭傳媒股份有限公司　城邦分公司
	115020台北市南港區昆陽街16號8樓
	讀者服務專線：0800-020-299　24小時傳真服務：(02) 2517-0999
	讀者服務信箱E-mail：service@readingclub.com.tw
	劃撥帳號：19833503　戶名：英屬蓋曼群島商家庭傳媒股份有限公司城邦分公司
訂 購 服 務	書虫股份有限公司客服專線：(02) 2500-7718；2500-7719
	服務時間：週一至週五上午09:30-12:00；下午13:30-17:00
	24小時傳真專線：(02) 2500-1990；2500-1991
	劃撥帳號：19863813　戶名：書虫股份有限公司
	E-mail: service@readingclub.com.tw
香港發行所	城邦（香港）出版集團有限公司
	香港九龍土瓜灣土瓜灣道86號順聯工業大廈6樓A室
	E-mail：hkcite@biznetvigator.com
	電話：(852) 2508-6231　傳真：(852) 2578-9337
馬新發行所	城邦（馬新）出版集團 Cite (M) Sdn. Bhd.
	41, Jalan Radin Anum, Bandar Baru Sri Petaling, 57000 Kuala Lumpur, Malaysia.
	Tel: (603) 9056-3833　Fax: (603) 9057-6622　E-mail: services@cite.my
封 面 設 計	萬勝安
內文設計排版	李秀菊
印　　　刷	鴻霖印刷傳媒股份有限公司
經 銷 商	聯合發行股份有限公司　電話：(02) 2917-8022　傳真：(02) 2911-0053
	地址：新北市新店區寶橋路235巷6弄6號2樓

■ 2025年5月27日初版1刷
■ 2025年7月30日初版2.4刷

Printed in Taiwan
版權所有，翻印必究

定價：450元（紙本）／320元（EPUB）
ISBN：978-626-390-500-9（紙本）／978-626-390-498-9（EPUB）

國家圖書館出版品預行編目（CIP）資料

勞資一點通，一看馬上懂：從薪資、投保、霸凌、性平到資遣，資深顧問帶你搞懂42個勞資議題、避免罰單與糾紛／張舜智著. -- 初版. -- 臺北市：商周出版：英屬蓋曼群島商家庭傳媒股份有限公司城邦分公司發行, 2025.05
　　面；　公分. --（新商業周刊叢書；BW0869）
ISBN 978-626-390-500-9（平裝）

1.CST: 勞動法規　2.CST: 勞資關係

556.84　　　　　　　　　　114003377

城邦讀書花園
www.cite.com.tw